내 자녀의 교통안전 지침서

곡예보행중인 내 자녀

안전교육이 최고의 보약입니다

허 억 지음

도서출판 시 워

글을 시작하며

31년전이 떠오릅니다.

1990년 6월 30일, 2년여 다녔던 직장에 사표를 쓰고 "어린이 교통사고 예방에 매진하겠다."는 다짐으로 활동을 시작한지 벌써 31년 6개월…

짧은 기간은 아닙니다만 그 기간 동안 "열심히 활동 했는가, 그 간의 활동에 만족 하는가, 아쉬운 점은 없는가, 어떤 성과를 이루었는가" 등등 저 자신에게 여러 가지 질문을 던져 봅니다.

이런 질문에 지난 30여 년간의 일들이 주마등처럼 머릿속을 스쳐 지나 갑니다.

- 1990년 6월 다니던 직장을 그만두고 어린이 교통안전 단체를 만들기 위하여 동분서주 했던 날들. 이런 단체를 만들어 정치적으로 이용하려 한다는 오해를 사 경찰에게 곤혹을 치렀던 일. 난생 처음 KBS 9시 News와 인터뷰를 해 TV에 나왔던 일, 조선일보에서 저를 인터뷰해 크게 보도해 준 일 ..
- 1991년 6월 육영재단 박근영 이사장님의 전폭적인 지원을 받아 어린이 교통안전협회를 창립한 일, 현대 자동차의 지원을 받아 많은 사업을 수행한 일.
- 1995년 11월 연세대 알렌관에서 당시 연세대학교 송자 총장님, 최병렬 전 서울시장님, 김한중, 정재희 교수님, 전태준 의무사령관님 등 많은 분을 만나 안전생활실천시민연합 창립을 논의 한 일..
- 1996년 5월 안실련 창립 후 97년 1월부터 18년 동안 안실련의 실무자로서 어린이 교통사고 등 안전 사고 예방을 위하여 열심히 활동해 온 일들.
- 2003년 5월 당시 노무현 대통령에게 어린이 교통사고 예방을 위해 3가지를 건의한 일.
- 2009년 3월 녹색 어머니회와 함께 행정안전부 소속 사단법인으로 어린이안전학교를 창립한 일과 이후 매우 힘들었던 일들..
- 2011년 12월 당시 이명박 대통령께 「어린이 안전사고 제로화 사업」을 건의한 일..
- 2013년 10월 31일 18년간 근무하며 너무나 정들었던 안실련을 사직한 일.
- 2014년 3월 가천대 도시계획학과 교수가 되어 학생들에게 「교통안전론」

「교통정책론」 을 강의한 일.

- 2014년 9월 가천대 사회정책대학원에 안전관리 전공을 만들어 주임 교수를 맡고 이후 60~70명의 석사 제자를 배출하고 현재 25명의 석사생을 강의하고 있는 일.
- 2020년 3월 가천대 일반 대학원 행정학과에 안전전공 박사 과정을 개설하여 10여명의 박사생을 강의하고 있는 일.
- 2021년 12월 국회 어린이안전포럼 출범식을 개최, 사무처장으로 위촉된 일.

〈노무현 대통령께 실제 교통사고 사례 중심의 체험교육의 중요성을 설명하고 있는 필자〉

〈이명박 대통령께 어린이 안전사고 제로화를 위한 3가지 정책을 건의하는 필자〉

지나온 일들을 돌이켜 보건데 저 스스로 평을 해보면 “열심히 했다, 최선을 다한 편이다” 라는 생각이 듭니다.

그러나, “더욱 더 열심히 했어야 했다” 라는 아쉬움도 남습니다.

이런 아쉬움은 향후 어린이 안전사고 예방을 위하여 보다 더 열심히 활동하도록 저 자신을 독려하는 밑거름이 될 것입니다.

그러면 이 기간 동안 어린이 교통사고는 얼마나 줄었을까?

어린이 교통사고 사망자는 정말로 많이 줄었습니다.

1990년 1,537명이던 어린이 교통사고 사망자 수가 1995년 809명, 2000년 518명, 2005년 284명, 2010년 126명으로 줄었고, 2015년 65명에서 2020년은 24명으로 감소하였습니다.

이렇게 어린이 교통사고 사망자가 큰 폭으로 감소한 요인은 다음 3가지로 요약 할 수 있습니다.

첫째, 교육적 측면에서 가정과 학교에서의 교통안전 교육이 대폭 강화되었습니다.

어린이 교통사고 예방을 위하여 부모님과 선생님들에게 교통안전 교육의 중요성과 구체적 교육방법을 제공하여 학교와 가정에서 실제 사고 사례 중심의 교육을 강화하여 어린이들에게 동일 유형의 사고에 스스로 대처할 수 있는 능력을 길러 주었다는 점입니다.

그 결과, 30여년전 어린이 교통사고 사망자 1,537명을 2020년 24명으로 감소시켜 사망자를 98%나 줄인 가장 큰 원동력이 되었습니다.

둘째, 시설적 측면에서 스쿨존 개선 사업의 실시로 통학로의 교통안전 시설이 대폭 확충되었습니다.

통학로에 보차도 경계턱을 설치하여 차와 어린이의 동선을 분리하고, 과속방지턱을 설치하여 차량 속도를 30km이하로 낮추는 등 통학로의 교통안전 시설이 사고를 낮추는데 크게 기여했습니다.

셋째, 법, 제도, 단속적 측면에서 특단의 어린이 교통안전 대책들이 마련돼 실효성있게 추진되었습니다.

녹색어머니회 운영, 스쿨존 내 위반·사고 시 가중 처벌, 워킹스쿨버스 실시, 횡단보도 우측 통행 실시, 민식이법 시행 등 어린이 교통안전을 대폭 강화한 각종 정책들이 사고예방에 기여했습니다.

상기 이런 노력과 사고 감소에 저 역시 조금이나마 기여했다고 생각합니다.

이제는 그 동안의 활동 경험과 노하우, 네트워크를 활용하여 「어린이 교통사고 제로운동」에 도전할까 합니다. 어린이 사고가 획기적으로 많이 줄었습니다만, 사고 사례 분석을 해보면 줄일 수 있는 여지는 매우 많습니다.

여전히 어린이 교통사고 사망자 가운데 보행 중 사망률이 60%에 이르고 있는데 이는 가정과 학교에서 보행 안전 교육만 꾸준히 실시해 주면 얼마든지 10% 이하로 끌어내릴 수 있습니다.

나머지 40%인 차내 승차 중 사망과 자전거 등 바퀴 달린 놀이 기구 사망 역시 차 내 어린이 보호 장구를 장착시켜 주고, 자전거 탑승 시 헬멧 착용과 사고 예방법에 대한 교육을 철저히 한다면 얼마든지 예방이 가능합니다.

따라서, 현 시점에서 가장 중요한 것은 가정과 학교에서 실제 사고 사례 중심의 실습 교육을 꾸준히 실시하여 어린이들에게 동일 유형의 사고에 스스로 대처할 수 있는 능력을 길러 주는 것입니다.

이를 위하여 부모님과 선생님에게 어린이 교통사고 예방을 위한 교육의 중요성과 구체적 교육 방법을 제공하여 꾸준히 안전 교육을 실시하도록 해야 합니다.

이런 노력의 일환으로 부모님과 선생님들에게 실제 사고 사례 중심의 교육 지도서를 제공하고자 이 책을 출간하게 되었습니다.

이 책은 총 6장으로 구성되어 있습니다.

1장은 "시작하는 글" 로 어린 자녀를 둔 부모님과 선생님께 드리는 글입니다.

2장은 부모님과 선생님이 아셔야 할 내용에 대한 질문 · 답변형식의 어린이 교통안전 백과입니다.

3장은 실제로 연령별로 발생한 어린이 교통사고 사망 사례 60건에 대한 사고원인과 예방법을 수록했습니다.

4장은 선진국의 어린이 교통사고 예방법을 칼럼식으로 서술했습니다.

5장은 역시 부모님과 선생님께 꼭 알려 드리고 싶은 내용을 안전 칼럼으로 구성했습니다.

6장은 '끝맺는 말' 로 「안전교육이 최고의 보약」 임을 강조하는 내용으로 구성했습니다.

또한 부록에는 자녀와 함께 푸는 어린이 안전 퀴즈문제 100선을 엄선, 수록했습니다.

상기 내용만 부모님과 선생님이 습득 하신 후 자녀와 제자에게 꾸준히 교육을 실시해 주신다면 교육 받은 어린이의 사고 위험을 큰 폭으로 줄여 줄 수 있습니다. 특히 60%에 육박하는 보행 중 사망 비율은 본 서적에서 가장 강조하는 3가지 습관, 즉 우선 멈추는 습관과 운전자와 눈 맞추는 습관, 차를 계속 보면서 건너는 습관을 길러 주어 어린이가 실천한다면 어린이 보행중 교통사고는 zero에 근접 할 수 있습니다.

아무쪼록 본 교재를 적극 활용하시어 내 자녀, 내 제자의 생명을 교통사고로부터 보호해 주십시오.

본 책을 집필하는데 주변 도움을 주신 분들이 매우 많습니다.

우선 이 책이 나올수 있도록 재정적 지원을 해주신 가천대 이길녀 총장님과 황보택근 산학부총장님께 감사드립니다.

제가 18년간 근무하면서 저 자신을 크게 성장시켜준 안전생활실천시민연합과 어린이안전학교, 초등돌봄교사연합회 식구들께도 감사를 드립니다.

이 책이 출간 될 수 있도록 큰 도움을 주신 문중근 전 서울시교육청 국장님과 신원 기획의 배병호 사장님과 관계자들에게 감사를 드립니다

현재 군대에 가 있는 아들 진영이와 사랑하는 딸 승희 그리고 뒤에서 묵묵히 저의 활동을 뒷받침 해주는 집사람에게도 감사하다는 말을 전합니다.

이 모든 분들에 대한 감사에 보답하는 마음으로 책 판매로 인한 인세 전액은 어린이 교통사고 예방에 다시 사용토록 하겠습니다.

끝으로 31년간 지치지 않고 끊임없이 열심히 활동 할 수 있는 힘의 원천을 제공한 사랑스런 나의 조카, 1988년 당시 과속 · 난폭 운전자에게 희생만 당하지 않았다면 지금 39살이 되어 행복한 가정을 꾸렸을 어린 소녀에게 이 책과 함께 감사하는 마음을 전합니다.

2021년 12월

허 억

추천의 글

어릴 적 부모님께서는 늘 '차조심 하거라, 길조심 하거라' 라고 말씀하셨습니다.

부모가 된 저 역시 제 자녀들에게 같은 말을 하고 있습니다. 언제까지 '차조심 해라, 길조심 해라' 와 같은 똑같은 말을 반복해야 할까요?

옛 말에 가장 큰 불효는 '부모보다 자식이 먼저 죽는 것' 이라고 하였습니다. 부모는 자식을 가슴에 묻습니다. 자식 잃은 슬픔을 가리켜 창자가 끊어지는 아픔이라고 하여 한자로 단장(斷腸)이라고 합니다. 자식이 질병으로 죽어도 평생의 상처로 남는데 하물며 교통사고로 자식을 잃는다면, 그리고 그것이 우리 사회의 책임에 의한 것이라면 부모의 슬픔은 그 어떤 지구상의 말로는 표현이 안 될 것입니다.

저는 어린이 교통사고는 개개인의 과오가 아니라 전적으로 우리 사회와 기성세대의 책임이라고 생각합니다. 우리나라 어린이 교통사고는 나날이 감소하고 있는 추세이지만 아직도 어린이 사망사고 1위는 교통사고입니다.

저는 '국민행복' 의 근간은 바로 '안전' 에서 출발한다고 생각합니다. 그리고 그 중심에는 우리의 미래희망인 어린이의 '교통안전' 이 담보되어야 할 것입니다.

금번 허억 박사의 어린이 교통안전 저서 '안전교육이 최고의 보약입니다' 는 우리 모두가 반드시 가슴으로 읽고 몸으로 실천하여 어린이와 국민 모두에게 꿈을 실어주는 필독서라고 생각합니다.

우리 사회가 우울하고 울적(憶) 하지 않고 허억(許億) 박사의 이름처럼 우리 사회가 편안하고 헤아릴(億) 수 있기를 소망하면서 허억 박사의 노력이 어린이들의 빛과 희망이 되기를 열망합니다.

2021. 12

대전 지하철공사 사장 김경철

추천의 글

허억 교수를 만난지 벌써 30년이 넘었습니다.

30대 초반 총각시절부터 어린이 교통사고 예방 활동을 펼쳐왔는데 환갑을 훌쩍 넘은 지금도 어린이 교통사고 제로운동을 외치며 열정적으로 왕성한 활동을 하고 있습니다. 우선 어린이 교통안전에 대한 식지 않는 열정에 깊은 찬사를 보냅니다.

특히 허억 교수는 2003년 당시 노무현 대통령이 어린이 안전 원년을 선포하고 어린이 안전조직 예산을 대폭 강화토록 했으며 국회 교통안전포럼을 창립하는데 산파역할을 하여 교통안전 법, 제도, 예산 확충에 크게 기여했음은 누구나 잘 알고있습니다.

이런 허억 교수가 저술한 「안전교육이 최고의 보약입니다」는 그 학문적 깊이를 떠나 허 교수의 어린이 교통사고 제로화를 바라는 간절한 염원과 강한 열정이 듬뿍 담겨있다고 봅니다.

특히, 1990년부터 어린이 교통사고 예방 활동을 전개해온 허억 교수의 31년간의 어린이 교통 안전 노하우와 경험이 깊이 있게 이 책에 배어 있을 것으로 확신합니다.

아무쪼록 이 책이 어린 자녀를 둔 부모님과 조부모님, 어린이집, 유치원, 초등학교 선생님들의 어린이 교통안전 필독서가 되어 자녀와 제자들의 교통사고 예방에 크게 기여해주길 바랍니다.

한 번 더 허억 교수가 저술한 책이 「어린이 교통사고 제로화」를 보다 앞당기는 견인차 역할을 해 주길 소망합니다.

2021. 12

생명존중 시민회의 공동대표 양두석

목 차

1장. 부모님과 선생님께 드리는 글

"우리 자녀가, 우리 제자가 지금,
생명을 담보로 곡예 보행을 하고 있습니다"

"우리 자녀가, 우리 제자가 지금, 생명을 담보로 곡예 보행을 하고 있습니다"

어릴적 서커스 보던 모습을 연상해 주십시오.

아리따운 소녀가 우산을 들고 매우 높은 천장 꼭대기에서 외줄타는 모습이 떠오를 것입니다.

'저 소녀가 떨어지면 어쩌나' 하며 가슴 졸이며 보던 그 때 그 모습..

그러나 그 소녀는 충분한 연습을 했기 때문에 결코 줄에서 떨어지지 않습니다.

만일 떨어진다 할지라도 밑에 안전장치가 있어 생명의 위협은 전혀 없습니다.

이렇게 우리 식구와 아무런 관계도 없는 곡예사의 외줄타는 모습에 그렇게 가슴을 졸이던 부모님이 현재 사랑스런 자녀가 생명을 담보로 한 채 곡예보행을 하고 있는데 이 부분에는 너무나 둔감 하십니다.

우리 자녀는 전혀 연습도 받지 않았습니다. 더욱이 도로상에 만일의 상황에 대비한 어떠한 안전장치도 되어있지 않습니다.

사랑스런 우리 자녀가 하루에 도로를 몇 번이나 건넙니까?

지금 한 번 뒤를 따라가 보십시오. 아슬아슬 할 것입니다.

양쪽에는 불법 주·정차가 되어있고, 차들은 쌩쌩 달리는데 대부분의 우리 자녀들은 차도로 내려서서 좌·우도 제대로 살피지 않은 채 쏜살같이 찻길로 뛰어듭니다. 그러면 그 뒤로 차가 쌩하고 지나갑니다.

우리 자녀가 달리기를 조금만 못했더라면, 운전자가 잠깐 한 눈을 팔아 우리 자녀를 뒤늦게 발견했거나 아니면 조금만 더 속력을 냈더라면 우리 자녀는 어떻게 됐겠습니까?

특히 대부분의 우리 자녀들은 찻길이 무섭다는 생각에, 차와 만나는 시간을 최소화하기 위하여 위험한 길일수록 더욱 더 빨리 뛰려는 경향이 있습니다.

이러다 운이없어 과속 난폭 운전자를 만나면 그 자리에서 교통사고가 발생하여 죽거나 부상을 당해 병원에 입원합니다. 더 큰 문제는 우리 도로에 이런 과속, 난폭 운전자가 매우 많다는 것입니다.

우리 자녀의 귀중한 생명을 재수에, 운에 맡겨서야 되겠습니까?

얼마전 인천과 창원에서 녹색불에 횡단보도를 건너던 어린이들이 신호위반하는 대형트럭에 치여 연달아 사망하는 사고가 발생했습니다.

필자가 최근 5년간 발생한 어린이 교통사망자 604명의 사례를 분석해보니 길을 건너다 목숨을 잃는 보행 중 사망률이 무려 60%를 넘고 있었습니다.

선진국의 어린이 보행 중 사망률이 10%대에 불과한데 우리나라는 도로를 건너다 사망하는 비율이 높은 이유가 무엇일까요?

어린 자녀를 둔 부모님, 선생님.

우리 자녀가 하루에 도로를 10번을 건넌다면 날마다 10번의 교통사고 위험이 도사리고 있다는 것을 심각하게 느끼셔야 합니다.

지금까지 우리 자녀가 이런 위험에 많이 노출되어 왔는데 교통사고를 당하지 않았다면 정말로 '운이 좋았다' 라고 생각하셔야 합니다.

그런 후 이 시간 이후부터 사랑스런 우리 자녀의 생명을 운에 맡기지 마시고 부모님의, 선생님의 노력에 의해 안전하게 지켜주셔야 합니다.

자녀를 안전하게 지켜주는 방법은 바로 부모님이, 선생님이 안전교육의 중요성과 구체적 교육방법을 먼저 습득하신 후 꾸준히 교통안전 교육을 시켜 주시는 것입니다.

지극히 후진국형 유형인 보행 중 사망률 60%는 가정과 학교에서 어린이들에게 안전하게 보행하는 방법만 꾸준히 알려준다면 얼마든지 10%이하로 끌어 내릴 수 있습니다.

지금 당장 우리 자녀에게 3가지 습관을 길러 주십시오.

이 습관만 길러 주신다면 우리 자녀에게, 내 제자에게 보행 중 사고는 결코 발생하지 않습니다.

첫째, 우선 멈추는 습관입니다.

우리 자녀가 차도로 나갈 때, 찻길을 건널 때 뛰지 않고 항상 우선 멈추는 습관을 길러 주는 것입니다. 우선 멈추는 습관이 길러져야만 뛰지 않고 좌, 우를 살피게 됩니다.

실제 어린이 교통사고 사례를 분석을 해보면 천천히 걷는 경우보다 뛰는 것이 7배나 사고위험이 높고, 특히 주·정차된 차량사이, 차량 앞, 뒤로 뛰어 횡단을 하면 사고위험은 18배나 높아집니다. 그래서 찻길에서 우선 멈추는 습관을 길러 주어야 합니다.

둘째, 운전자와 눈맞추는 습관입니다.

길을 건널 때 반드시 운전자에게 손을 들어 '제가 건너겠다' 는 의사표시를 전달하고 운전자와 눈을 맞추며 차가 멈추었는지 꼭 확인하는 습관을 길러 주어야 합니다. 우리 자녀에게 손을 들어도, 보행자의 녹색불이 들어와도 그냥 지나치는 차가 있다는 점을 알려준 후 차량 멈춤을 꼭 확인토록 해야 합니다.

셋째, 차를 계속 보면서 건너는 습관입니다.

우리 자녀가 보행자 녹색불에 횡단보도를 건너는데 달려오던 운전자가 브레이크를 밟으려다 엑셀레이터를 밟을 수도 있기 때문에 길을 건너는 동안 차를 보면서 건너는 습관을 길러 주어야 합니다.

이상의 3가지 습관을 가정에서 먼저 교육을 실시한 후 자녀 손목을 붙잡고 실제 도로상에서 이 습관이 얼마나 중요한지를 반복적으로 알려주십시오.

이 때 손목을 붙잡는 이유는 어린이가 순간적인 호기심 또는 차량 녹색불에 갑자기 부모님의 손을 뿌리치고 차도로 뛰어드는 것을 예방하기 위함입니다.

아울러 손을 드는 이유와 손드는 올바른 방법도 알려주셔야 합니다.

그리고 무단횡단의 위험성을 알려 주십시오.

길을 건널 때 반드시 횡단보도를 이용하는 습관을 길러주며 무단횡단은 결코 하지 않을 것을 실제 도로상에서 자녀와 손가락 걸고 약속을 해주십시오.

어른들의 무단횡단은 우리 자녀들의 무단횡단 사고를 부추기는 매우 위험한 행위입니다.

특히 자녀를 데리고 하는 무단횡단은 자녀에게 교통사고 나는 법을 알려주는 행위나 마찬가지입니다. 현재 무단횡단을 하다 경찰에 적발되면 범칙금이 부과되는 명백한 범법행위입니다.

끝으로 꼭 알려 주셔야 할 내용은 횡단보도 우측통행의 안전성입니다.

길을 건널 때 차가 왼쪽에서 오므로 오른쪽으로 간만큼 안전거리가 확보돼 그만큼 안전합니다.

횡단보도의 우측으로 걷는 것 하나만 알려줘도 우리 자녀의 교통사고 위험은 20%나 감소됩니다.

어린 자녀를 둔 부모님, 선생님 여러분!

상기 내용을 즉시 실천에 옮겨 주십시오. '설마'하며 소홀하게 생각하고 넘어가서는 결코 안됩니다. 내 자녀의 생명과 직결되는 부분입니다. 부모님과 선생님의 이런 노력으로 얼마든지 우리 자녀들이 교통사고의 위험으로부터 벗어나 건강하고 안전하게 잘 자랄 수 있습니다.

아울러 최소한 이 책에 나오는 질문 답변식의 어린이 교통안전백과, 연령별로 빈발하는 어린이 교통사고 사례별 예방법은 반드시 습득하셔야 합니다.

특히 우리 주변에서 발생했던 어린이 교통사고는 또 발생하며, 이런 사고에 '내 아이 역시 사고를 당할 수 있다' 라는 생각으로 위기의식을 갖고 자녀에게 교육을 철저히 실시하여 이런 유형의 사고위험에 스스로 대처할 수 있는 능력을 길러 주어야 합니다.

또한 내 자녀의 교통사고 예방을 위하여 평소 부모님이 실천으로 옮겨주실 내용과 선진국의 어린이 교통사고 예방법 역시 습득하신 후 나 자신이 먼저 일상 삶속에서 교통안전을 생활화하며 자녀에게도 습관화, 체질화 시켜주셔야 합니다.

부모님과 선생님께서 이런 노력을 해주시는 만큼 우리 자녀의 교통사고 위험은 계속해서 줄어들 것입니다.

사랑스런 우리 자녀들, 안전한 환경에서 교통사고 위험으로부터 벗어나 건강하고 안전하게 잘 자랄 권리가 있습니다.

우리 부모님과 선생님은 당연히 이런 노력을 할 의무가 있습니다.

2장. 질문·답변식의 어린이 교통안전 백과

부모님, 선생님이 꼭 아셔야 할 어린이 교통안전 질문 · 답변

질문1

초등학교 1학년에 입학하는 자녀를 둔 부모 입장에서 내 자녀가 교통사고 날까 불안합니다. 1학년 사고 사례와 사고 예방을 위한 지도방법을 알려주십시오.

답변〉

초등학교 학년별 교통사고 사상자 현황을 보면 안타깝게도 1학년 사상자가 가장 많습니다. 도로교통공단 발표 자료에 따르면 최근 3개년간 초등학생의 교통사고는 보행 중 사망이 42명, 부상이 7,852명 등 7,894명인데 이중 1학년이 1,763명(22.3%)으로 가장 많은 것으로 나타났습니다.

이렇게 1학년 사고가 많은 근본 원인은 7세까지 지형이 익숙한 집 주변에서 놀다가 초등학교에 입학하면서 행동반경이 넓어지고 학교에 가는 통학로가 안전하지 못하기 때문입니다.

따라서 초등학교 입학전에 이면도로의 안전한 보행법, 신호등이 있는, 없는 횡단보도를 안전하게 건너는 방법에 대하여 자녀의 손목을 붙잡고 실제 도로상에서 안전교육을 철저히 시켜주셔야 합니다.

이 때 손목을 붙잡는 이유는 갑자기 자녀가 차도로 뛰어들 위험이 있기 때문입니다. 실제로 서울 구로구의 신호등 있는 횡단보도에서 어머니가 1학년 아들의 손을 붙잡고 있었는데 보행자 녹색불이 들어오자마자 엄마 손을 뿌리치고 횡단보도로 뛰어들던 아들이 버스에 치여 사망하는 사고가 발생했습니다. 우리 아이들은 행동 특성상 조급성으로 인해 항상 뛸려는 특성이 있으므로 반드시 손목을 붙잡고 있어야 합니다.

횡단보도는 이런 사고를 예방하기 위하여 화살표시가 있는 오른쪽에 서있는 것이 안전거리가 확보되어 보다 안전합니다.

또한 녹색불이 들어와도, 손을 들어도 그냥 지나치는 차가 있다는 것을 알려주고 반드시 손을 들어 운전자와 눈을 마주치며 「차량 멈춤」을 꼭 확인한 후 건너도록 해야 합니다

몇해전 광명의 한 초등학교에서 1학년 2명이 하교길에 장난을 치다 내 물건이 불법 주 · 정차된 차량 밑으로 들어갔고 한 아이는 물건을 꺼내러, 다른 아이는 차량 뒤에서 지켜보다 급 후진하는 차량에 치여 두 아이가 목숨을 잃은 사고가 있었습니다.

물론 이 사고는 불법 주 · 정차한 운전자의 부주의에서 발생했습니다만 예방적 측면에서 차량 밑에 내 물건이 들어갔을 경우 어떻게 해야하는지에 대한 가정과 학교에서의 안전교육이 미흡했다고 보아야 합니다.

내 자식이 목숨을 잃었는데 잘못한 운전자 탓을 한다고 하여 내 자식이 살아 오지 않기 때문입니다.

차 밑에 물건이 들어갔을 경우 교육을 받지 않은 아이는 바로 물건을

꺼내러 차 밑으로 들어갑니다. 그러나 평상시 안전교육을 받은 아이는 교육받은대로 운전자에게 "차 밑에 물건이 들어갔어요, 꺼내주세요."라고 하며 도움을 요청합니다.

이래서 안전교육이 정말로 중요한 것입니다. 안전교육만큼 내 자녀에게 좋은 보약은 없습니다.

3월에 입학하는 자녀를 두신 부모님께서는 집부터 학교까지 가는 길을 함께 그린 교통지도를 만들어 보십시오. 이 지도에는 위험한 길, 안전한 길을 표시해 놓습니다.

위험한 길은 도로를 건너는 길, 특히 신호등이 없는 횡단보도를 건너는 길, 주유소나 대형 주차장 등 차량과 보행자가 만날 수 밖에 없는 상충구간이 있는 길, 불법 주 · 정차가 많이 되어있는 길 등을 표시해 놓습니다. 그런 후 자녀 손목을 붙잡고 집부터 학교까지 자녀를 데리고 다니며 실제 도로상에서 안전하게 보행하는 방법을 최소 7~8회 이상 집중적으로 교육을 실시해야 합니다.

그래서 낯설고 위험한 통학로를 익숙하게 해주고 위험한 상황에서 안전하게 대처하는 방법을 알려주고 꼭 실천으로 옮기도록 해주셔야 합니다. 나중에 1~2회 이상 혼자 가보도록 하고 뒤를 따라가며 실제 배운대로 안전하게 행동하는지 확인 후 미흡한 점은 다시 2~3회 정도 교육을 실시해야 합니다. 이런 부모님의 노력이 만에 하나 발생할지 모르는 사고에 대비할 수 있습니다. '설마 사고 나겠어' 라고 생각하시는 것은 절대 금물입니다. 내 자녀가 안전하게 잘 자라주길 바란다면 그만큼 노력을 하는 것은 당연합니다.

질문2

횡단보도에서 대각선 통행이 가장 안전할 것 같은 생각이 드는데요 대각선 통행이 왜 위험하고, 우측통행이 왜 안전한지 알려주십시오.

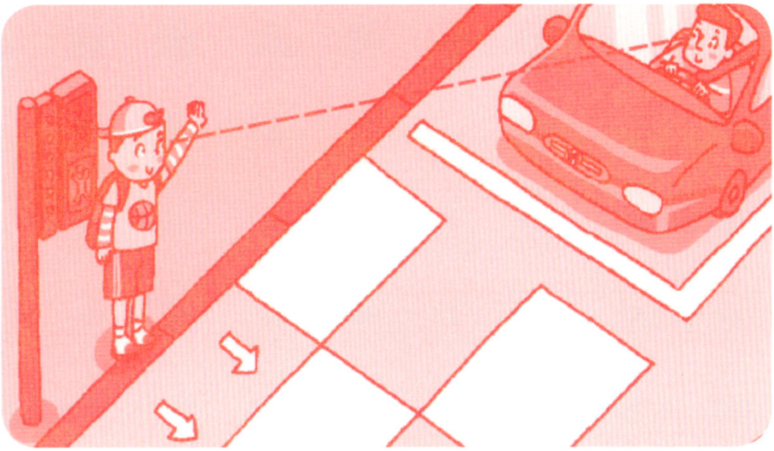

답변〉

① 교통사고는 순간적으로 발생합니다. 실제로 사고현장에서 조금만 떨어져 있어도, 심지어 몇 센티미터만 떨어져 있어도 사고는 충분히 예방될 수 있습니다. 따라서 횡단보도의 경우 차가 보행자의 왼쪽에서 접근하므로 오른쪽으로 간만큼 안전거리가 확보되어 보다 안전합니다.

② 처음에는 오른쪽이 차와의 안전거리가 확보되지만 횡단보도의 반을 지나면 오히려 오른쪽에 멈춰진 차와 거리가 가까워집니다. 그래서 자칫 '대각선 통행이 안전한 것 아니냐' 하고 잘못 생각할 수 있는데 이는 보행길이가 더욱 길어지고 짧은 보행자 녹색불에 어린이가 뛰도록

유도하게 되므로 더 위험합니다. 그러므로 보행자가 반쯤 오는 동안 이미 차는 멈춰있고 차를 보면서 건널 수 있으므로 여전히 우측통행이 안전합니다.

③ 안전한 도로횡단 방법의 첫 번째 원칙은 바로「직선보행」입니다. 직선보행이 위험한 찻길을 가장 짧게, 가장 빠르게 건널 수 있어서 보다 안전합니다.

④ 어린이 횡단보도 사고의 경우 대부분 횡단보도 왼쪽에서 주로 많이 발생하며 가장 대표적 사고사례는 횡단보도 왼쪽에서 보행자 녹색불이 들어오자마자 갑자기 뛰어드는 경우입니다. 특히, 신호등이 있는 횡단보도에서 차는 보행자를 위하여 '서행하겠다' 는 생각보다는 '보행자 녹색불에 걸리지 말아야지' 하는 생각에 보다 속력을 내는 운전자가 많기 때문에 반드시 횡단보도는 우측으로 건너야 합니다.

질문3

길을 건널 때 손을 들고 건너라고 하지요. 그러면 손을 드는 이유는 무엇이고, 손은 어떻게 드는 것이 가장 올바른 방법인지요? 만일 비가 오거나, 한 손에 가방을 들고 있다면 손은 또 어떻게 들어야 합니까?

답변〉

① 손드는 이유는 운전자에게 '제가 먼저 갈테니 멈추어주세요' 하는 의사표시이므로 손은 반드시 운전자를 보며 차에 가까운 쪽 손을 들어 주어야 합니다. 즉, 처음에는 운전자를 보며 왼손을 45° 로 들어주며 반쯤 지나서 오른손을 들어 줍니다. 횡단보도에 녹색불이 들어와도 보행자가 손을 들어도 그냥 지나치는 차가 있으므로 항상 「차량 멈춤」을 확인해야 합니다.

② 비가 올 경우 우산은 오른손으로 들어 주어야 합니다. 어린이 교통사고는 주로 어린이 기준 좌측에서 많이 발생하므로 반드시 왼손을 운전자를 보며 들어준 후 차량 멈춤을 확인해야 합니다. 반쯤 지나면 오른손에 우산이 들고있기 때문에 우산을 왼손으로 바꾸지 않고 그냥 고개만 돌려 우측 차량이 멈추어 있는지 확인하면 됩니다.

③ 가방을 들고 있는 경우도 마찬가지입니다. 역시 가방은 오른손으로 들은 다음 왼손으로 손을 들어 의사표시하고 반쯤 지날 경우 고개를 돌려 우측 차량이 멈추었는지 차를 계속 보면서 건너가면 됩니다.

질문4

이면도로에서의 안전한 보행법을 알고 싶습니다. 특히 좁은 골목길에서 차가 내 앞, 내 뒤에서 올 경우 어떻게 행동하는 것이 가장 안전할까요?

답변〉

보 · 차도 구분이 되어 있지 않은 이면도로에서 어린이가 차를 만나면 순간적으로 위험한 생각이 들어 보다 빨리 뛰려는 경향이 있습니다.

이는 매우 위험한 행동이므로 반드시 자녀에게 다음의 안전한 보행법을 알려주셔야 합니다. 대문 밖이 바로 도로인 경우는 뛰지않고 일단 멈춘 후 천천히 좌우를 살피며 나옵니다. 좁은 도로에서 차가 오면 우선 멈춘 후 몸을 벽 안쪽으로 붙이고 차가 지나간 다음 천천히 걷습니다.

차를 등지고 통행하는 것이 차를 보면서 통행하는 것 보다 사고 위험이 4배나 높으므로 항상 차를 보면서 걷도록 합니다.

(일본의 齊葛良子가 분석한 자료에 따르면 남아가 여아보다 사고 위험이 2배, 걷는 것보다 뛰어 횡단이 7배, 주 · 정차된 차량 앞. 뒤 사이 뛰어 횡단이 18배나 사고위험이 높은 것으로 나타났다.)

질문5

횡단보도에서의 안전한 통행방법에 대해 알고 싶습니다. 특히 신호등이 없는 횡단보도의 경우 차가 오면 '내가 먼저 갈까, 저 차를 먼저 보낼까' 하며 망설여지는데 이럴 때 어떻게 행동하는 것이 가장 안전할까요?

답변〉

신호등이 있는 횡단보도의 경우

① 횡단보도는 처음에 차가 왼쪽에서 오므로 오른쪽 통행이 보다 안전합니다. 횡단보도를 반쯤 지나서 비록 차가 보행자와 가까워져도 이미 가는 동안 차는 멈춰 있고 서로 보면서 통행하므로 그만큼 사고 위험은 적어집니다. 횡단보도의 대각선 통행은 걷는 길이가 길어지고 짧은 녹색불에 뛰도록 유도하므로 그 만큼 위험합니다.안전한 도로횡단방법의 첫 번째 원칙은 직선 보행입니다.

② 보행자 녹색불이 켜지고, 보행자가 손을 들어도 그냥 지나치는 차가 있으므로 꼭 「자동차 멈춤」을 확인한 다음 건너갑니다.

③ 손을 든다는 것은 운전자에게 '제가 먼저 갈 테니 멈추어 주세요' 하는 의사 표시이므로 차에 가까운 쪽 손을 들어줍니다. 즉 처음에는 왼손을 들고 왼쪽 자동차 멈춤을 확인하고 반쯤 지나서는 오른손을 들며 오른쪽 자동차의 멈춤을 확인합니다. 가방이나 우산을 든 경우 반드시 오른손으로 들도록 하고 이 때는 횡단보도를 반쯤 지나도 손을 바꾸지 않고 고개만 돌려 차를 보면서 걷습니다.

④ 횡단보도에 왔을 때 녹색불이 깜박거리면 다음 신호에 건너가고 횡단도중 깜박거리면 차를 보면서 천천히 건너갑니다.

⑤ 길 또는 횡단보도를 건널 때 항상 차를 보면서 걷는 습관을 길러줍니다. 이는 운전자가 어린이를 발견한 후 멈추려고 브레이크를 밟으려다 실수로 엑셀레이터를 밟을 수도 있기 때문입니다.

⑥ 뛰는 경우가 천천히 걷는 경우보다 사고 위험이 훨씬 높으므로 뛰지 않도록 합니다.

신호등이 없는 횡단보도의 경우

① 신호등이 없는 경우 운전자나 보행자가 '내가 먼저 갈까', '상대방을 먼저 가게 할까' 망설이다 결국 서로 먼저 가려다 사고가 발생 합니다. 따라서 나 자신 먼저 가고자 할 경우 손으로 '내가 먼저 가겠다' 는 의사표시를 분명히 한 다음 자동차 멈춤을 확인한 후 건너도록 해야 합니다.

② 흔히 어린이는 차가 오면 마치 큰 뱀이 아가리를 쩍 벌리고 덤벼들면 꼼짝 못하고 잡혀 먹히는 청개구리처럼 겁에 질려 우물쭈물하다가 사고가 발생하므로 이런 상황이 오기 전에 꼭 손으로 의사표시를 한 다음 안전하게 건너도록 해야 합니다.

③ 운전자 역시 어린이를 발견 시 내 자녀라는 생각으로 손으로 '먼저 가라' 는 의사 표시를 해 주어 어린이들이 안전하게 도로횡단을 하도록 해야 합니다.

질문6

도로를 건널 때 지켜야 할 「안전한 도로횡단 5원칙」에 대해서 알고 싶습니다.

답변〉

어린이 교통 사망사고의 60% 이상이 보행중에 사망하고 있으므로 우리 자녀에게 안전한 보행방법만 습득시켜 준다면 보행중 사고는 얼마든지 예방할 수 있습니다.

필자가 영국의 안전한 도로횡단 3원칙인 커브드릴(Kerb drill), 6원칙인 **그린 크로스 코드(Green Cross Code)**등을 활용하여 다음 안전한 도로횡단 5원칙을 개발, 적극 보급하고 있습니다.

첫째, 횡단보도의 오른쪽에서 우선 멈춘다.

항상 찻길로 들어가기 전 뛰지 않고 우선 멈추는 습관을 길러주어야 합니다.

둘째, 좌우 차를 본다.

구체적으로 차가 오는지 먼저 왼쪽을 보고, 오른쪽, 다시 왼쪽을 보도록 합니다.

셋째, 운전자에게 손을 들어 준다.

손은 하늘 높이 번쩍 드는 것이 아니고 운전자를 보며 45° 각도로 들어줍니다.

넷째, 자동차가 멈추었는지 꼭 살펴본다.

녹색불이 들어와도 어린이가 손을 들어도 그냥 지나치는 차가 있으므로 꼭 자동차 멈춤을 확인합니다.

다섯째, 손을 들고 차를 보면서 건너간다.

운전자가 어린이를 발견하고 브레이크를 밟으려다 엑셀레이터를 밟을 수도 있으므로 항상 차를 보면서 건너갑니다.

질문7

어린이들에게 빈번히 발생하는 사고유형과 이런 사고를 당하지 않는 방법에 대하여 알려 주십시오

답변〉

① **무단횡단 사고** : 무단횡단을 하지 않아야 합니다. 길을 건널 때는 반드시 횡단보도나 육교, 지하도로 건너야 합니다.

② **신호등 있는 횡단보도 사고** : 신호등이 빨간색일 때 길을 건너거나 초록색이 들어오자마자 뛰는 경우는 위험합니다. 항상 횡단보도의 오른쪽에 서서 손을 들어 〈자동차 멈춤〉을 확인한 후 건너갑니다.

③ **신호등 없는 횡단보도 사고** : '내가 먼저 갈까?', '저 차를 먼저 보낼까?' 하다가 서로 양보해 주겠지! 하며 먼저 가려다 사고가 나므로 반드시 손을 들어 자동차 멈춤을 확인한 후 건너갑니다.

④ **주 · 정차된 자동차 사이 횡단사고** : 찻길을 건너기 위해 주차된 자동차 사이에서 갑자기 뛰어나오면 차에 가려 어린이가 안보여 사고 위험이 18배나 높으므로 차 사이로 걷거나 뛰지 않습니다.

⑤ **갑자기 뛰어나오다 발생한 사고** : 공이 찻길로 가거나 길 건너편에서 친구가 불러도 갑자기 뛰어들지 말고 항상 차가 오지 않는지 확인한 다음 손을 들고 건너갑니다.

⑥ **버스의 바로 앞, 뒤 횡단사고** : 버스 앞뒤로 횡단 시 버스에 가려 어린이가 보이지 않으므로 반드시 버스가 지나간 다음 손을 들고 〈자동차 멈춤〉을 확인한 후 건너 갑니다.

⑦ **큰 차가 회전하다 나는 사고** : 큰 차가 회전할 때 차도에 어린이가 서있으면 앞바퀴에는 치이지 않더라도 뒷바퀴에 치일 수 있으므로 큰

차가 지나갈 때는 차와 멀리 떨어져 있어야 합니다.

⑧ **차 뒤, 밑에서 놀다 나는 사고** : 운전자가 운전석에 앉아 있으면 차 뒤, 옆에 있는 어린이가 보이지 않으며 멈춰있는 차는 항상 뒤로 움직이므로 차 뒤, 옆에서 놀지 않아야 합니다.

⑨ **보호장구를 장착하지 않아 일어나는 사고** : 자동차를 탈 때 위험한 앞좌석에 앉지 않으며, 운전석 뒷좌석에 반드시 보호장구나 안전벨트를 매야 합니다.

⑩ **자전거, 퀵보드 사고** : 자전거는 안장에 앉아서 발끝이 땅에 닿는 상태로 자전거를 타며 반드시 헬멧과 무릎 보호대를 착용하고 차가 다니지 않는 안전한 장소에서 타야 합니다.

질문8

우리 자녀가 보행중 교통사고를 당하지 않기 위하여 반드시 길러줄 3가지 습관에 대하여 알려 주십시오.

답변〉

선진국에서 당신 자녀가 교통사고가 날까 불안하면 「당장 3가지 습관을 길러주세요」라는 말이 있습니다. 따라서 우리도 지금 자녀에게 이 3가지 습관만 길러주신다면 보행 중 사고는 대부분 예방이 가능합니다.

첫째, 우선 멈추는 습관

어린이들이 도로로 나갈 때 또는 도로를 건널 때 뛰지 말고 좌 · 우를 살펴보는 '우선 멈추는 습관'을 길러주어야 합니다.

둘째, 운전자와 눈 맞추는 습관

보행자 녹색불이 켜지고, 보행자가 손을 들어도 그냥 지나치는 차가 있으므로 꼭 눈으로 자동차 멈춤을 확인하는 습관을 길러주어야 합니다.

셋째, 차를 계속 보면서 건너는 습관

운전자가 학생을 발견하고 브레이크를 밟으려다 엑셀레이터를 밟을 수도 있으므로 항상 차를 보면서 도로를 건너는 습관을 길러주어야 합니다.

질문9

어린이는 어른에 비해 모든 능력이 취약하기 때문에 사고 확률이 높은 것으로 알고 있습니다. 어린이들의 취약한 행동 특성에 대하여 알려 주십시오.

답변〉

어린이 교통사고는 주로 다음 어린이의 취약한 3대 특성 때문에 많이 발생합니다.

첫째, 조급성

어린이는 행동 특성상 조급성을 갖고 있습니다.

항상 뛰려는 특성을 가지고 있으며 찻길이 위험하다는 생각에 무조건 찻길을 급하게 뛰어 횡단 시간을 최소화하려 하고 있습니다. 실제로 뛰는 경우 천천히 걷는 경우보다 사고위험이 7배나 높으며 주·정차된 자동차 사이를 뛰어 횡단할 경우 사고위험은 18배나 높습니다.

둘째, 모방성

어린이들은 어른에 비해 판단능력, 행동능력, 위기 대응능력 등 모든 능력이 부족하지만 어른들을 따라 하는 모방능력만은 월등히 뛰어납니다. 어른들이 무단횡단을 하면 어린이는 당연히 올바른 행동으로 생각하고 무단횡단을 따라하나 위기 대응능력이 없어 종종 사고로 연결됩니다.

셋째, 단순성 (자기중심성)

어린이는 생각이 미숙하고 성장이 덜 됐기 때문에 모든 것을 단순하고 자기중심적으로만 판단합니다. 즉 녹색불이 들어오면, 손을 들면 모든 차가 멈추어 줄 것으로 생각하며 한번 차가 멈추어 있으면 그 차는 계속해서 멈추어 있는 것으로 생각합니다.

또한 길 건너편에서 친구나 엄마가 부르면 차가 오는 것은 생각 못하고 부르는 것만 생각하여 갑자기 차도로 뛰어들기 쉬우며 아울러 어린이가 찻길로 뛰어들면 모든 차는 멈추어 줄 것으로 생각합니다.

질문10

보행 중 어린이 교통사고의 대부분을 차지하는 갑자기 뛰어들기 사고유형과 예방법에 대하여 알려 주십시오.

답변〉

차도로 어린이가 갑자기 뛰어드는 유형은 다음과 같습니다.

① 길 건너편에서 친구나 엄마가 부르는 경우
② 공놀이 하다가 공이 찻길로 굴러가는 경우
③ 모자가 바람에 날려 모자 주우러 찻길로 뛰어드는 경우
④ 친구와 장난치다가 갑자기 찻길로 뛰어드는 경우
⑤ 깜박이는 보행자 녹색불에 뛰어들다가 갑자기 빨간불로 바뀌는 경우
⑥ 녹색불이 들어오자마자 갑자기 뛰어드는 경우
⑦ 풍선을 놓쳐서 풍선 주우러 찻길로 뛰어드는 경우
⑧ 대문 밖이 차도인데 갑자기 대문 밖으로 뛰어나오는 경우
⑨ 주 · 정차된 자동차 사이 또는 차의 앞뒤에서 뛰어 나오는 경우
⑩ 자전거, 퀵보드 등 바퀴 달린 놀이기구를 타고 찻길로 가는 경우

이상의 갑자기 뛰어들기의 위험성을 알려주며, 자녀에게 「우선 멈추는 습관」, 「운전자와 눈 맞추는 습관」, 「차를 계속 보면서 건너는 습관」 등 이 3가지 습관만 길러 주신다면 얼마든지 상기 유형의 사고는 예방이 가능합니다.

질문11

민식이법, 태호·유찬이법, 세림이법 등 안타깝게 사망한 어린이들의 이름을 딴 법의 사고 현황과 주요 내용에 대하여 알려주십시오.

답변〉

안타깝게도 사고로 목숨을 잃은 어린 자녀의 이름을 따서 만든 법, 일명 naming법이라고 합니다. 비록 안타깝게 내 자식은 잃었지만 동일한 희생이 반복되지 않토록 하기 위하여 자녀를 잃은 부모님들이 적극 나서서 네이밍법을 만들도록 촉구하여 실제로 많은 법이 만들어졌습니다.

즉 안타까운 내 자식의 죽음이 승화되어 동일 유형의 사고를 근원적으로 예방할수 있는 법과 제도를 만들도록 한 것입니다. 대표적인 어린이 생명안전 법안을 정리해보면 다음과 같습니다.

어린이 생명 안전 법안(일명 Naming법)

법안명	사고 현황	주요 내용	입법일자
태호·유찬이법	• 2019년 5월 인천 송도 축구클럽 승합버스 운전자가 과속 신호위반으로 교통사고를 내며 승합차내 태호·유찬이 사망	• 어린이통학버스 신고 대상 대폭 확대 당초 6종에서 18종으로 확대	20.04.29
해인이법	• 2016년 4월 용인의 어린이집 앞에서 경사진 도로에 세워 놓은 차가 밀리며 4살 여아 해인이를 치어 사망	• 어린이에게 위급상태 발생 시 즉시 응급의료 기관에 신고 의무화 • 어린이안전사고 방치 시 1년 이하 징역 또는 1,000만 이하 벌금 부과	20.04.29
민식이법	• 2019년 9월 아산의 스쿨존 내 신호등 없는 횡단보도를 뛰어 건너던 9살 남아 민식이를 치여 사망	• 어린이보호구역내 신호등과 과속단속 카메라 설치 • 사상시 가중처벌 - 사망 시 3년 ~ 무기징역 - 부상 시 1년 이상 ~ 15년 이하 징역 또는 500~3,000만원 벌금	19.12.25
하준이법	• 2017년 10월 놀이공원 주차장에서 경사진 도로에 차량이 밀리면서 당시 4살 남아, 하준이를 치여 사망	• 경사진 주차장 등에 차량 미끄럼 방지 시설과 차량에 고임목 설치 의무화	19.12.10
한음이법	• 2016년 7월 광주의 특수학교에 다니던 8세 한음이가 동행교사의 방치로 통학차량 안에 갇혀 질식사고로 사망	• 어린이통학버스 운전자는 반드시 차량 내부에 잠들어 있는 어린이가 있는지 확인 의무화	16.11.17
		• 어린이통학버스 내 CCTV 설치 의무화 • 시설장 운전자가 안전 교육을 받지 않는 경우 징역 등 처벌 강화	상임위 계류중
세림이법	• 2013년 3월 청주시 3살 여아 세림이가 통학버스에 내려 앞으로 지나가다 내려준 차에 치여 사망	• 어린이통학차량 신고 의무화 • 인솔교사 탑승 의무화 • 어린이용 안전띠 착용 의무화 등	15.01.29

질문12

초등학교 · 유치원 등 스쿨존에 어떤 위험요소가 있는지요. 또한 이런 위험한 환경에서 어떻게 행동하는 것이 가장 안전한 방법인지 알려주세요.

답변〉

통학로에서의 위험한 곳 또는 위험한 행위의 유형은 다음과 같습니다.

① 대문 밖이 차도인데 "학교 다녀오겠습니다" 하며 급하게 뛰어 나오는 경우
② 인도가 없고 차도만 있는 좁은 이면도로
③ 좁은 도로에 불법 주 · 정차가 많이 된 길
④ 골목길에서 곧바로 차도와 연결된 길
⑤ 공사장, 주유소, 카센타, 기사 식당 등 자동차 통행 유발 요인이 있는 곳
⑥ 좁은 이면도로임에도 불구하고 양방 통행으로 되어 있는 길
⑦ 횡단보도가 없는 길
⑧ 신호등이 없는 횡단보도가 있는 길
⑨ 차들이 과속, 난폭운전을 많이 하는 길
⑩ 과속 방지턱, 가드레일 등 교통안전 시설이 없는 길

통학로의 위험요소에 대한 대처방법 역시 자녀에게 운전자와 눈 맞추는 습관 등 3가지 습관만 길러준다면 대부분 예방이 가능합니다.

첫째, 우선 멈추는 습관

항상 길을 건널 때 뛰지 않도록 하기 위하여 우선 멈추는 습관을 기른다.

둘째, 운전자와 눈 맞추는 습관

손을 들어 운전자와 눈을 마주친 다음 그 차가 멈추는 것을 확인하는 습관을 기른다.

셋째, 차를 계속 보면서 건너는 습관

건널 때에도 차를 계속 보는 습관을 기른다.

질문13

어린이가 주간보다 야간에 보행할 경우 더욱 위험할 것으로 보입니다. 야간 안전한 보행법에 대하여 알려주십시오.

답변〉

야간은 주간보다 운전자나 어린이가 사물을 발견할 수 있는 인지력이 현저히 떨어지므로 보다 더 세심한 주의를 해야 합니다.

도로를 건널 때나 이면도로에서 뛰지 말고 자동차 멈춤을 반드시 확인하는 등 주간보다 세심한 주의를 필요로 합니다. 물론 안전한 보행을 위한 3가지 습관만 길러준다면 역시 야간에도 보행중 사고는 대부분 예방이 가능합니다.

야간에는 운전자의 시야가 크게 떨어지므로 보다 밝은 색 또는 반사재가 있는 옷을 입어 운전자에게 잘 보이도록 해야 합니다.

일본에서 실험해본 결과 옷 색깔과 반사재에 따른 인식거리는 다음과 같습니다

일본 교통안전 교육 보급협회의 실험결과

거리색깔	하늘색	빨간색	초록색	회색	검정색
뭔가 있다고 알아차린 거리	82.5m	67.8m	67.7m	66.3m	42.8m
사람이라고 확인한 거리	42.9m	47.2m	36.4m	36.4m	18.8m
움직이는 방향을 확인한 거리	19m	24m	17.8m	15m	9.6m

질문14

비오고 바람 불 때 교통사고 위험은 보다 높아질 것 같은데요, 악천후시 안전한 보행법에 대해 알려주십시오.

답변〉

비 올 때 안전한 보행 법

비가 올 때는 날씨가 어두워지므로 노란 색과 같은 밝은 옷을 입습니다. 한손에 우산, 한 손에 가방을 들 경우 위험한 상황에 대처하는 능력이 떨어지므로 반드시 가방은 어깨에 메도록 합니다. 특히 비가 와서 날씨가 어두울 때는 야광가방을 메는 것이 좋습니다. 우산은 눈보다 높이 들어 전방을 모두 볼 수 있어야 하며 우산을 밑으로 숙이며 땅을 보면서 걷는 것은 매우 위험합니다.

횡단보도에서 녹색 신호를 기다릴 때도 평상시보다 연석선에서 2보 더 뒤로 물러나 있어야 합니다. 이는 자칫 달리는 차가 우산을 치면서 갈 수도 있기 때문입니다. 비가 그친 후 우산은 밑을 향하도록 하며 우산을 갖고 친구와 장난쳐서는 안 됩니다.

바람 불 때 주의 할 사항

심한 바람에 모자나 우산이 차도로 날아간다면 어떻게 해야 할까요?

시험지나 성적표는 반드시 손에 들지 않고 가방에 넣어야 합니다. 이는 자칫 바람에 시험지나 성적표가 차도로 날아가면 어린이는 순간적으로 차도로 뛰어들 위험이 매우 높기 때문입니다. 어깨를 곧게 펴고 고개를 들어 앞을 보면서 걷습니다.

질문15

눈 오고 날씨가 추우면 어린이의 몸이 움츠러들어 위험한 상황이 발생하면 대처능력이 떨어져 더 위험할텐데요, 이 때의 안전한 보행법에 대해 알려주십시오.

답변〉

눈 올 때 안전한 보행방법

눈 올 때는 길이 미끄러워 넘어질 수 있으므로 항상 차와 멀리 떨어져 걸어야 합니다. 눈 올 때도 날이 어두워지므로 노란색과 같은 밝은 색 옷을 입으며 하얀색 옷은 입지 않아야 합니다. 털모자, 털목도리를 하는 것도 몸을 따뜻하게 해 줌은 물론 혹시 미끄러워 넘어질 경우 완충역할을 할 수 있어 보다 안전합니다. 신발은 미끄러운 구두보다는 홈이 파여 있는 운동화가 보다 안전하며 뛰지 말고 차를 보면서 천천히 걸어가야 합니다. 안개가 낄 때 역시 날이 어두우므로 밝은 옷을 입으며 주의를 살피며 걸어야 합니다.

날씨가 추울 때 지켜야 할 사항들

양손을 주머니에 넣으면 위험한 상황에 대처할 수 있는 능력이 떨어집니다. 따라서 반드시 장갑을 끼고 손을 빼고 걸어야 합니다. 계단을 오르내릴 때에도 절대 주머니에 손을 넣으면 안됩니다.

자칫 넘어질 경우 손으로 짚지 못해 머리를 크게 다칠 수 있습니다. 날이 추우면 몸이 움츠러들고 고개를 숙여 땅을 보면서 걷게 되므로 어깨를 펴고 앞을 보면서 걷습니다.

질문16

킥보드, 인라인 등 바퀴달린 놀이기구의 사고 예방법에 대하여 알려주십시오.

답변〉

자전거, 퀵보드, 싱싱카, 인라인 스케이트 등 바퀴달린 놀이기구의 위험성에 대해 적극 알려주십시오.

나 자신, 친구가 이런 사고를 당한 적이 있는지 또는 저학년의 경우 바퀴달린 놀이기구를 안전하게 이용하도록 알려 줍니다. 놀이 기구를 탈 때 헬멧, 무릎 보호대가 얼마나 중요한지 알려주세요.

● 바퀴 달린 놀이기구를 타다 다치는 부위의 40%이상이 머리이고 다음 부위가 무릎이므로 놀이기구를 탈 때는 반드시 헬멧과 무릎 보호대를 착용해야 합니다.

● 선진국에서 자녀에게 다음의 실험을 통해 헬멧의 중요성을 알려주고 있습니다.

준비물 : 날계란 2개, 미니 헬멧

실험방법 :날계란 1개는 미니 헬멧 속에 잘 포장하여 넣고, 다른 1개는 보호장비 없이 손에 들은 다음 1m 정도의 높이에서 동시에 떨어뜨린 후 날계란의 상태를 확인하며 헬멧의 중요성을 알려줌.

우리 주변 바퀴 달린 놀이 기구를 안전하게 탈 수 있는 곳을 찾아보세요.

학교 운동장, 공원, 놀이 전용 시설 등 안전한 장소에 갈 때도 퀵보드, 인라인 등 놀이 기구는 반드시 들고 간 다음 안전한 장소에서 타야 합니다.

질문17

길에서 놀다 나는 사고도 종종 발생하는 것으로 알고 있습니다.
놀이 중 교통사고 예방법에 대해 알고 싶습니다.

답변〉

어린이들의 행동 특성상 자동차 뒤, 밑에서 놀기를 좋아합니다.

어린이가 차 뒤, 밑에서 놀 경우 운전자는 백미러, 룸미러로 노는 어린이를 발견할 수가 없습니다.

한번 멈추어 있는 차는 항상 뒤로 움직인다는 사실을 알려줍니다.

자동차 밑에 물건이 들어갈 경우 운전자에게 "차 밑에 물건이 들어갔어요, 꺼내주세요" 하며 도움을 요청합니다.

어린이가 놀이에 몰두하면 주변에서 차가 오는 것을 발견하지 못합니다.

항상 차도에 들어 갈 때는 일단 멈춘 후 차가 오는지를 살펴본 다음 「자동차 멈춤」을 확인한 후에 가야 합니다.

공은 반드시 공 덮개를 씌운 후 손으로 들고 가야 합니다.

만일 공을 발로 차면서 가다가 갑자기 공이 찻길로 굴러가면 어린이는 순간적으로 공을 주우러 찻길로 뛰어들다가 교통사고를 당할 수 있습니다.

질문18

우리 자녀에게 공공장소에서 지킬 예절에 대해 알려주고 싶습니다. 구체적으로 어떤 내용을 알려주면 좋을까요?

답변〉

① 줄 서서 차례 지키기

- 차표를 살 때 차례대로 줄 서기
- 버스나 기차를 기다릴 때 차례대로 줄서기
- 차례대로 버스나 지하철, 기차 타기
- 기차나 지하철에서 내려 계단이나 에스컬레이터를 이용할 때 차례대로 줄서서 이용하고 장난치지 않기

② 양보하기

- 노약자석은 비어 있어도 앉지 않기
- 노인, 아기를 업은 아주머니, 어린 아이, 몸이 불편한 사람이 차에 타면 자리를 양보하기
- 차례를 지키지 않는 어린이들에게 내가 먼저 양보해준 후 차례를 지키도록 알려주기
- 아무리 바쁘고 급해도 서두르지 말고 내가 먼저 양보하기

③ 남에게 방해되는 행동하지 않기

- 차 안에서 큰소리로 이야기하지 않기
- 좌석에 앉아서 신발을 벗지 않기
- 손잡이를 잘 잡아 다른 사람들과 부딪치지 않기

- 차창 밖으로 쓰레기를 버리지 않기
- 차 안에서 옆 사람에게 방해될 정도로 팔과 다리를 벌려 피해를 주지 않기
- 차 안에서 손잡이를 이용하여 장난치지 않기

④ 몸이 불편한 사람 도와주기

- 몸이 불편하거나 할아버지, 할머니가 무거운 짐을 들고 계시면 도움드리기

⑤ 고마운 분께 인사하기

- 녹색 어머니, 모범운전자등 안전과 교통질서를 위하여 노력하시는 분께 감사 인사하기

질문19

「지피지기면 백전백승」 이라고 하지요. 내 자녀가 교통사고를 당하지 않기 위하여 자동차의 특성을 이해하는 것도 매우 중요할 텐데요, 어떤 내용을 가르쳐 주면 좋을까요?

답변〉

자동차의 장·단점

장 점	단 점
이동할 때 편리하다. 이동하는 시간을 단축할 수 있다. 무거운 물건도 편하게 옮길 수 있다.	자동차 때문에 교통문제가 발생한다. 교통사고가 발생하며 인명, 재산피해가 생길 수 있다. 매연으로 인해 공기가 오염된다.

자동차의 특성에 따른 교통사고의 원인과 예방법

자동차의 정지거리에 의한 교통사고 위험성에 대하여 충분히 설명해 줍니다.

자동차(이륜차도 포함)는 갑자기 정지할 수 없다.

- 운전자가 보행자를 발견하고 브레이크를 밟아야지라고 생각한 때부터 브레이크를 밟기 직전까지 주행한 거리를 공주거리라고 한다.
- 달리던 자동차가 정지하기 위해서 브레이크를 밟은 후 자동차가 완전히 정지할 때까지 주행한 거리를 「제동거리」 라고 한다.
- 공주거리와 제동거리를 합친 것을 「정지거리」 라고 한다.
- 야간이나 우천 시, 노면상태, 타이어의 마모상태 등에 의해 자동차의 정지거리는 크게 변한다.

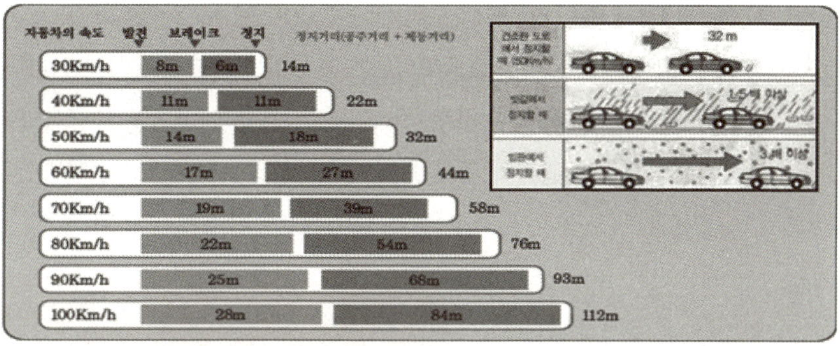

자동차의 내륜차에 의한 교통사고

어린이가 길을 건너려고 횡단보도의 모퉁이에 서 있습니다.

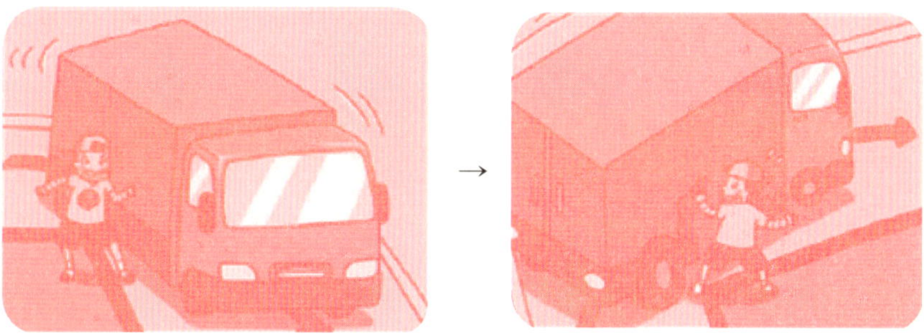

어린이에게 일어난 일

- 우회전하는 트럭의 뒷바퀴에 치였다.

교통사고가 일어난 까닭

- 어린이가 차도로 내려왔기 때문이다.
- 자동차의 내륜차 때문이다.

안전하게 길을 건너기 위해 서 있어야 하는 곳

- 차도나 길모퉁이에 내려서지 않는다.

〈참고자료 1〉 자동차의 내륜차

사륜차가 회전할 때는 앞바퀴보다 뒷바퀴가 커브의 안쪽으로 통과하게 된다. 앞바퀴가 지나간 바퀴자국과 뒷바퀴 지나간 바퀴자국의 차이를 내륜차라고 한다. 이 차이는 핸들을 완전히 돌렸을 때 휠 베이스 (wheel base, 앞바퀴와 뒷바퀴의 중심간의 수평거리)의 3 분의 1이 된다. 따라서 버스나 트럭 등 대형차일수록 커진다. 교차로의 끝 부분이나 도로의 연석선에서 있을 때 회전하는 자동차의 뒷바퀴에 말려들어가는 사고가 발생하지 않도록 조심해야 한다.

이륜차나 자전거도 교차로 등에서는 사륜차와 충분한 간격을 유지하는 것이 필요하다.

자동차의 사각지대에 의한 교통사고

주차되어 있는 자동차의 뒤에서 놀면 위험한 이유

- 멈추어 있는 차는 항상 뒤로 움직일 수 있다.
- 자동차에는 보이지 않는 사각지대가 있다.

자동차의 사각지대로 인한 교통사고 예방법

- 자동차의 옆, 뒤 등 자동차 가까운 곳에서 놀지 않는다.
- 자동차 밑에 들어가지 않는다.

〈참고자료 2〉 자동차의 사각지대

전방 및 후방 사각지대

- 자동차의 앞쪽과 뒤쪽 중 보이지 않는 범위로써 승용차인 경우에는 전반 사각지대는 4m~4.5m, 후방은 7.2m이다

측면 사각지대

- 자동차 옆으로 나타나는 사각으로 승용차인 경우 운전석 쪽이 약1.2m 조수석 쪽이 약 4.5m이다

기둥에 의한 사각지대

- 자동차 구조상 앞뒤의 필러(기둥)가 있어 경사진 전방과 후방에 생긴 사각지대이다.

실내 거울에 들어오지 않는 사각지대

- 실내거울을 통하여 뒤쪽의 교통상황을 확인하고자 할 때 거울의 좌우 양끝과 뒷유리창 좌우의 양끝을 이어 나타난 범위 이외의 지역이다.

측면 거울에 들어오지 않는 사각지대

- 좌우 측면 거울에 나타나지 않아서 바로 옆으로 지나는 사람이나 물체(자동차,이륜차 보행자 등)가 전혀 보이지 않는 가장 위험한 사각지대이다.

자동차의 특성을 알고 지킬 일

- 자동차 방향 지시등의 신호를 잘 보면서 안전하게 통행합니다.
- 자동차는 브레이크를 밟아도 금방 멈출 수가 없으므로 자동차 멈춤을 꼭 확인합니다.

  회전하는 자동차의 뒷바퀴를 조심하며 차도나 길모퉁이에 내려서지 않습니다.

  주차되어 있는 차의 앞, 뒤 옆에서 놀지 않습니다.

운전자의 특성에 따른 교통사고의 원인

옷 색깔에 따라 운전자가 보행자를 인식할 수 있는 거리의 차이

- 야간이나 궂은 날에는 보행자가 입는 옷의 색깔에 운전자가 보행자를 인식할 수 있는 거리가 달라진다.
- 야간에 외출할 경우에 어두운 색깔의 옷은 눈에 잘 띄지 않으므로 밝은색 옷을 입도록 한다.
- 야간에 이륜차나 자전거를 탈 때도 후미등이나 반사재를 정비하지 않거나 어두운 색깔의 옷을 입는 것은 위험하다.

운전자의 착각 현상

사륜차 운전자에게는 이륜차가 작게 보이기 때문에 가까이 있어도 멀리 있다고 느껴진다. 사륜차 운전자에게는 이륜차가 실제로 달리는 속도보다 느리게 느껴진다. 이륜차 운전자는 특히 반대편 우회전 자동차에 주의해야 한다.

질문20

자녀 앞에서 운전자로서 결코 보여주어서는 안 될 행동들이 많을텐데요, 구체적 행동 사례들을 알려 주십시오.

답변〉

① **안전띠 미착용** : 일반도로에서는 운전석과 조수석에서, 고속도로와 자동차 전용도로에서는 전좌석에서 안전띠를 매야하며 위반 시 범칙금을 부과합니다.

② **쓰레기 투척 행위** : 자동차 밖으로 쓰레기, 담배꽁초를 버리는 행위를 해서는 안 됩니다.

③ **창문 밖으로 머리, 손을 내미는 행위** : 창문 밖으로 손이나 머리를 내미는 행위는 자칫 옆을 지나치는 차에 의해 치일 수 있으므로 매우 위험합니다.

④ **운전 중 핸드폰 사용하기** : 운전 중에 핸드폰을 사용하면 운전자의 집중력, 주의력, 전방 주시력 등을 크게 떨어뜨려 일반 운전자보다 사고 위험이 매우 높아집니다.

⑤ **자동차의 정지선 및 횡단보도 침범행위** : 운전자는 보행자의 안전을 위하여 횡단보도를 침범해서는 안되며 자동차의 정지선을 반드시 준수해야 합니다.

⑥ **음주운전 및 운전 중 담배피우는 행위** : 술을 먹고 운전하는 행위나 운전 중에 담배를 피우는 행위는 매우 위험합니다.

⑦ **양보운전 안하고 얌체운전 행위** : 자신은 상대방에게 양보, 배려운전을 하지 않으며 끼어들기, 꼬리물기 등 얌체운전을 하는 행위는 부모로서 신뢰감을 크게 떨어뜨리는 행위입니다.

질문21

내 자녀의 교통안전을 위하여 부모님이 꼭 지켜야 할 사항을 알려주십시오.

답변〉

부모님께서 내 자녀의 교통사고 예방을 위하여 꼭 지켜야 할 교통안전 십계명은 다음과 같습니다.

1계 – 무단횡단 등 우리자녀의 교통사고를 부추기는 행동을 결코 하지 않습니다.

나 자신이 무단횡단을 하지 않음은 물론 주위의 사람들 중에서도 무단횡단을 하지 않도록 적극 계도해야 합니다.

2계 – 내 자녀의 교통안전을 위하여 교육의 중요성과 구체적 교육방법을 습득합니다.

3계 – 자녀에게 실제 도로상에서 교통사고 사례중심의 교통안전 실습교육을 실시합니다.

가정에서 교통안전 교육만 잘 실시한다면 보행 중 사고는 모두 예방이 가능합니다.

4계 – 우리 주변 어린이 교통사고를 부추기는 위험 요소를 찾아내 적극 제보합니다.

5계 – 주위에서 발생한 어린이 교통사고 사례로 주기적으로 교통안전 가족회의를 개최합니다.

6계 – 어린이 교통사고 유형과 예방법을 숙지한 후 주변 어린 자녀를 둔 부모님께 적극 알려줍니다.

주변 어린 자녀를 둔 부모님들에게 횡단보도 우측통행의 안전성, 손드는 이유와 손드는 방법, 3가지 습관 등 본 교육내용을 적극 알려줍니다.

7계 – 나만 조금 빨리 가려는 과속, 난폭운전을 하지 않으며 날마다 5회 이상 양보운전을 실천합니다.

항상 양보하겠다는 마음의 여유를 갖고 운전하는 습관을 길러 줍니다.

8계 – 신호등 없는 횡단보도에 어린이 보행자가 서 있으면 손으로 '먼저 가라' 고 수신호를 합니다.

만일 '내 자녀가 아니니까' 하며 과속, 난폭 운전을 한다면 당신의 귀여운 자녀 역시 똑같이 과속, 난폭 운전자에 의해 생명의 위협을 받을 수 있음을 깨닫고 양보운전, 방어운전을 생활화 합니다.

9계 – 어린이는 반드시 뒷좌석에 앉힌 후 어린이 보호장구를 꼭 착용해 줍니다.

어린이 보호장구 착용 시 사망과 부상사고를 큰 폭으로 줄여 줄 정도로 보호장구가 매우 중요함을 깨달아야 합니다.

10계 – 안전띠 착용을 생활화하며 자동차 정지선을 항상 준수합니다.

운전자 스스로 안전의식을 제고하기 위하여 안전띠착용, 정지선 준수와 같은 안전을 생활화 할 수 있는 작은 실천운동을 스스로 전개합니다.

질문22

자녀들 앞에서 무심코 하는 행동들이 우리 자녀, 다른 어린이들의 교통사고를 부추기는 사례들이 너무나 많을 것 같습니다.
이런 구체적 사례들을 알려주십시오.

답변〉

우리 주변에 어른들이 무심코 하는 행동들이 내 자녀의 교통사고를 부추기는 사례가 많습니다.

내 자녀의 교통안전을 위하여 안전교육을 철저히 시켜주시고 다음과 같은 위험한 행동을 삼가 주십시오.

① 어른들이 무심코 하는 무단횡단

어른들이 나 하나 편하자는 무단횡단이 바로 내 자녀, 이웃 어린이의 교통사고를 부추기는 범법행위임을 깨닫고 우리 자녀의 교통사고를 유발하는 무단횡단은 하지 말아야 합니다.

② 어린 자녀를 조수석에 안고 타는 행위

어머니가 어린이를 조수석에 안고 탈 경우 사고 시 어머니가 받은 충격의 70%까지가 어린 자녀에게 갑니다.

③ 횡단보도에서 좌측통행 하는 교육방법

횡단보도는 오른쪽 부분으로 걷는 것이 보다 안전합니다. 이는 차가 보행자 기준을 볼 때 왼쪽에서 오므로 차와 거리가 보다 멀어지는 안전거리가 확보될 수 있기 때문입니다.

④ 횡단보도 앞 불법 주 · 정차행위

횡단보도 바로 앞까지 불법 주 · 정차 할 경우 멈춰진 차에 가려서 횡단보도 왼쪽에서 뛰어나오는 어린이를 운전자가 미처 발견하지 못해 사고가 종종 발생합니다.

⑤ 너무 짧고 너무 빨리 깜박거리는 보행자 녹색불 신호등

점멸 신호가 들어오면 보행자의 대부분은 조급한 마음이 들어 뛸 수밖에 없으며 운전자 역시 주위를 살피지 않으며 빨리 출발하려는 생각을 하게 됩니다.

⑥ '당연히 차가 먼저' 라고 생각하는 운전자의 잘못된 의식

일부 운전자들은 차가 무슨 권위의 상징인양 차만 타면 당연히 '내가 먼저 가야지' 라는 잘못된 의식을 갖고 있습니다. 만일 운전자가 도로를 건너는 아이가 '내 자녀가 아니니까' 하며 과속, 난폭운전을 한다면 당신의 귀여운 자녀 역시 누군가 천민의식을 갖고 있는 운전자에 의해 생명의 위협을 받을 수 있다는 점을 인식해야 합니다.

⑦ 초등학교 주변 통학로의 불법 주 · 정차 자동차 또는 노상 주차장

어린이가 많이 모이는 곳은 대부분 교통사고 다발지점이라고 할 수 있습니다.

따라서 학교주변 통학로 상에는 불법 주 · 정차나 노상 주차장을 전면 금지시켜 키가 작은 어린이가 차 사이에서 뛰어 나오다 나는 사고를 예방하여야 합니다.

⑧ '내 자녀가 아니니까' 하는 사회적 무관심

어린이가 차 뒤에서 노는 등 위험한 상황에 놓여 있으면 지나가는 행인들이 모두 다 내 자녀라는 생각으로 적극 돌보아 줄 수 있어야 합니다.

⑨ '빨리해라' 라고 재촉하는 부모님의 빨리빨리 병

어린이는 행동 특성상 항상 조급한 성격을 띠며 찻길이 위험하다는 막연한 생각으로 무조건 뛰려는 마음을 갖고 있습니다. 이러한 조급성을 부모님이 오히려 부추기는 행태가 바로 "빨리해라", "빨리 갔다와라" 라고 재촉하는 빨리빨리 병입니다.

⑩ 횡단보도 앞까지 놓인 버스 정류장

현행 도로 교통법상 횡단보도를 중심으로 10m이내에 차를 주 · 정차 할 경우 범칙금을 부과하도록 되어 있습니다. 이는 버스에서 내려 횡단보도로 바로 건너갈 경우 그 버스에 가려주행차가 어린이가 건너는 것을 발견치 못하기 때문입니다.

질문23

일본에서 자녀의 교통사고 예방을 위하여 실시한다는「교통안전 가족회의」에 대하여 알고 싶습니다.

답변〉

일본에서는 주1회씩 교통안전 가족회의를 개최하여 어린이 교통사고를 크게 줄였습니다. 한번 발생한 사고는 또 발생할 수 있고 내 자녀도 이런 사고를 당할 수 있으므로 주변 어린이의 교통사고 사례를 가족회의의 소재로 활용하여 가족회의를 개최합니다. 일주일에 한 번씩 교통안전 가족회의를 개최하여 봅시다.

한 가족의 회의를 예를 들어 보면 다음과 같습니다.

가족 구성원 – 아빠, 엄마, 아들, 딸

[회의의 주요 내용]

아빠 : 우리 다 함께 교통안전에 관해서 이야기해보자.

엄마 : 그저께 이웃집에 사는 초등학교 2학년 어린이가 교통사고를 당했는데 선생님께서 말씀해 주셨니?

아들 : 횡단보도에서 녹색불이 들어왔는데 갑자기 뛰어들다가 사고를 당했대요.

엄마 : 그래, 얼마나 다쳤니?

아들 : 다리가 부러져서 병원에 입원했대요.

엄마 : 아휴, 무섭구나! 너는 그 소식을 들었니?

딸 : 예, 저도 선생님께 그 사고에 관한 이야기를 들었어요.

아빠 : 너희들은 왜 사고가 났다고 생각하니?

아들 : 운전자가 나빴어요. 녹색불이 들어왔는데 그냥 지나갔어요.

딸 : 아니에요. 어린이가 차가 멈추는 것을 확인하지 않고 급하게 뛰어 들었어요.

아빠 : 그래, 잘 아는구나. 그러면 사고를 당하지 않으려면 어떡해야 하지?

아들 : 녹색불이 들어와도 차가 멈추었는지 꼭 확인한 다음 건너가야 해요. 엄마, 아빠도 운전할 때 이런 사고를 내지 마세요.

엄마 : 오, 그래.

딸 : 저도 차가 멈춘 것을 확인한 후 건너갈게요.

아빠 : 음, 그래. 운전하는 사람들 중에는 녹색불이 들어와도 그냥 지나가는 운전자가 있단다. 그러니까 꼭 차가 멈춘 것을 확인해야 한단다.

엄마 : 천천히 걷는 것보다 뛰어 건너는 것이 얼마나 위험한지 너희들은 아니?

아들, 딸 : ……

엄마 : 갑자기 뛰어들면 너희들도 운전자를 보지 못하지만, 운전자도 시간적으로 대처할 여유가 없어서 그만 사고를 일으키게 된단다.
이 때 사고가 일어날 확률은 천천히 걷는 것보다 무려 7배나 높단다.

아빠 : 앞으로 이런 사고를 내지 않기 위하여 우리 두 가지만 약속하자. 자! 아빠를 따라 해봐라. 첫째, 녹색불이 들어와도 꼭 차가 멈추었는가를 확인할 것. 둘째, 갑자기 뛰어들지 말고 차를 계속 보면서 천천히 건널 것.

아들, 딸(힘차게 따라 하며) :
아빠 엄마도 약속하세요.
이런 사고를 내지 않도록 교통법규를 꼭 지킨다고요.

아빠, 엄마(힘찬 목소리로) :
교통법규를 꼭 지키겠습니다.

질문24

내 자녀에게 교통안전 교육을 철저히 실시하고 싶습니다. 어떻게 준비해서, 어떤 내용으로, 어떻게 실시하면 되겠습니까?

답변〉

내 자녀의 교통사고 예방을 위하여 교통안전 교육만큼 좋은 보약은 없습니다. 지금 당장 사랑하는 자녀에게 양질의 보약을 복용시켜 주십시오.

아울러 최소한 주 1회씩은 다음 3단계 내용을 자녀에게 꾸준히 알려줘 어린이 교통사고 예방법이 몸에 생활화되도록 해주십시오.

제1단계 : 부모님이 어린이 교육 전 준비 단계

- 내 자녀에게 교통안전교육을 실시할 내용을 한 번 더 공부하십시오.
- '무단횡단과 같은 어린이 교통사고를 부추기는 행동을 하지 않겠다' 는 것을 마음속으로 다짐해주십시오.
- 내가 아무리 힘들고 귀찮아도 자녀에게 주 1회씩은 30분 이상 교육을 꼭 실시하겠다고 한 번 더 다짐해 주십시오.

제2단계 : 어린이 교육 실시 단계

① 가정에서의 교육내용(소요시간 약 30분)

- 오늘 배운 내용을 꼭 실천으로 옮겨줄 것을 자녀와 약속.
- 무단횡단의 위험성
- 횡단보도 오른쪽 통행의 안전성
- 손드는 이유와 손드는 올바른 방법
- 안전한 도로횡단 5원칙
- 빈번하게 발생하는 10가지 사고 유형과 예방법
- 안전한 도로횡단 실습교육(4대 실습교육 포인트)횡단보도

오른쪽에 서도록 한다. 녹색불이 들어 왔을 때 "제가 먼저 갈께요. 멈춰주세요" 하며 「자동차 멈춤」을 확인하도록 한다. 손을 제대로 잘 들게 한다.(처음에는 왼손, 반쯤 지나서는 오른손을 든다)길을 건널 때 운전자를 계속 보면서 건너도록 한다.

- 친구에게 알려줄 3가지 내용을 한 번 더 교육
  횡단보도에서 손드는 이유와 손드는 방법(운전자와 눈 맞추기)
  무단횡단 안하기
- 엄마와 자녀가 손가락 걸고 따라하기.
  나는 무단횡단을 하지 않겠습니다.
  나는 횡단보도의 오른쪽으로 건너겠습니다.
  나는 녹색불이 들어와도 「자동차 멈춤」을 확인하겠습니다.
  나는 운전자와 눈 맞추기를 하겠습니다.
  나는 「안전한 도로횡단 5원칙」을 꼭 지키겠습니다.
  나는 「어린이 교통사고 예방법」을 친구들에게 알려주겠습니다.

② 실제 도로상에서 교육 내용(소요 시간 15분)

- 자녀 손목을 붙잡고 실제 도로로 나감(손목을 붙잡아야만 어린이가 갑자기 차도로 뛰어드는 것을 예방할 수 있음)
- 실제 도로상에서 무단횡단이 무엇인지 설명(횡단보도와 육교가 아닌 곳으로 건너는 것)
- 무단횡단하는 사람을 발견 시 자녀의 눈을 가린 후 눈 가린 이유를 설명
  "네가 무단횡단하는 사람을 보고 그대로 따라하면 사고가 나기 때문에 엄마가 네 눈을 가렸단다"는 점을 설명한 후 무단횡단을 안할 것을 약속
- 횡단보도 우측통행의 안전성 설명

- 손드는 이유와 손드는 올바른 방법을 설명
- 손을 들어도, 녹색불이 들어와도 그냥 지나치는 차가 있으므로 항상 차가 멈추는 것을 확인하고 건너는 습관을 길러줄 것.
- 실제로 도로를 안전하게 건너는 방법을 2회 정도 반복 교육.

평상시 자녀를 데리고 다닐 때 항상 반복해서 교육을 시켜 주실 것.

제3단계 : 어린이 교통사고 예방법 홍보 단계

- 주변에 어린 자녀를 둔 부모님에게 본 교육내용을 적극 알려주어 그 부모님도 자녀에게 교통안전 교육을 실시하도록 유도하여 이웃 어린이 교통사고 예방에 적극 기여.
- 평상시 우리 자녀 또는 이웃 어린이들에게 다음 3가지 습관을 길러주는 노력 경주. 우선 멈추는 습관, 운전자와 눈 맞추는 습관, 차를 계속 보면서 건너는 습관

질문25

선진국에서 성공한 어린이 교통사고 예방법을 알고 싶습니다.

답변〉

① 스웨덴의 3대 교통안전 교육 방침

첫째, 어머니 위주의 어린이 조기교육입니다.

- 자녀에게 꾸준히 실시해야 하므로 어린이 자녀를 둔 부모님 위주로 교육을 실시한 후에 자녀가 3세가 되면 교통안전 교육을 실시하고 있습니다.

둘째, 실제 사고사례 중심의 실습교육입니다.

- 안전교육의 근본 목적은 교통사고 예방이므로 주위에서 발생한 어린이 교통사고 사례를 활용하여 우리 자녀에게 사고원인과 예방법을 철저하게 알려주는 사례 중심의 교육을 실시하고 있습니다.

셋째, 사회적 공동체 의식을 중시하는 교육을 실시합니다.

② 미국의 Eye Contact(운전자와 눈 맞추기)

미국의 초등학교 1학년 때 가장 강조하는 교육내용이 바로 Eye Contact, 즉 운전자와 눈 맞추기입니다. 길을 건널 때는 반드시 운전자에게 손을 들어 '제가 먼저 갈 테니 멈춰 주세요' 하는 의사표시를 하고, 자동차가 멈추는 것을 확인한 다음 길을 건너는 교육 방법입니다.

③ 일본의 교통안전 가족회의 개최

일본 등 선진국에서는 보통 일요일 아침식사 후 온 가족이 모여 주위에서 발생한 어린이 교통사고 사례를 갖고 주 1회씩 교통안전 가족회의를 개최합니다. '내 자녀도 이런 사고를 당할 수 있다' 는 생각을 갖고 우리 자녀가 안전할 때 평상시 교통사고 유형과 예방법을 알려주어 동일유형의 사고를 당하지 않도록 하는 매우 높은 수준의 어린이 교통안전 교육방법입니다.

④ 독일의 3가지 습관

독일에서는 "당신 자녀가 교통사고를 당할까 불안하다면 당장 3가지 습관을 길러 줘라" 는 말이 있습니다.

첫째, 「우선 멈추는 습관」

항상 길을 건널 때, 차도로 나갈 때 일단 멈추는 습관을 길러 줍니다.

둘째, 「운전자와 눈 맞추는 습관」

셋째, 「차를 계속 보면서 건너는 습관」

운전자가 브레이크를 밟으려다 엑셀레이터를 밟을 수도 있으므로 항상 길을 건널 때는 차를 계속 보면서 건너는 습관을 길러줘야 합니다.

⑤ 캐나다의 Safety wave 운동

스쿨버스를 많이 이용하는 어린이들은 반드시 Safety wave 운동, 즉 운전자에게 손을 들어 안전을 확인하고 길 건너기 운동을 펼치고 있습니다.

질문26

아이들은 자전거 등 탈 것들을 매우 좋아합니다. 바퀴달린 탈 것들을 안전하게 이용하도록 하기 위해 어떻게 교육을 시키면 되겠습니까?

답변〉

어린이들이 많이 이용하는 탈 것의 위험성

뛰는 것은 천천히 걷는 것 보다 사고 위험이 훨씬 높습니다. 어린이가 뛰어들면 운전자가 시각적으로 대처할 여유가 없기 때문입니다.

따라서 자전거나 인라인스케이트, 킥보드 등의 탈 것들은 뛰는 것보다 더 빠르기 때문에 교통사고의 위험은 더욱 높아지는 것입니다.

①,⑥ 반사재	안장뒤쪽 – 자동차 불빛에 반사되어 뒤에 오는 차로부터 자전거가 잘 보이도록 해 줍니다. 바퀴쪽 – 자동차 불빛에 반사되어 자전거가 잘 보이도록 해 줍니다.
② 안장	의자
③ 손잡이	브레이크 레버가 적당한 위치에 있는지 살펴봅니다.
④ 경음기	위험을 알리기 위해 필요합니다.
⑤ 브레이크	멈추고자 할 때 레버를 당기면 자전거 바퀴 가장자리를 꽉 눌러서 멈추게 해 줍니다.
⑦ 타이어	찢어지거나 구멍이 뚫리지 않았는지 점검하고 바람이 충분하게 들어 있는지 확인 합니다.
⑧ 체인	헐겁지 않아야 하며 페달을 밟을 때 정상적으로 돌아가야 합니다.

자전거의 안전한 이용방법 알아보기

3가지 준비사항 점검하기

첫째, 몸에 맞는 자전거 선택

- 자전거를 타고 발을 뻗었을 때 발이 땅에 닿아야 자신의 몸에 맞는 크기의 자전거이다.

둘째, 안전한 복장 입기

- 밝은 색 옷을 입어야 운전자가 눈에 잘 띈다.
- 너무 긴 바지나 치마는 체인에 끼일 수 있어 위험하므로 입지 않는다.
- 샌들, 슬리퍼 등 벗겨지기 쉬운 신발, 체인에 말릴 수 있는 긴 목도리 등을 착용하고 타는 것은 매우 위험하다.

셋째, 헬멧과 무릎 보호대를 반드시 착용

- 머리를 보호하기 위해 자신의 머리 크기에 맞는 헬멧을 반드시 착용한다.
- 헬멧은 머리를 둘러싼 이마와 관자놀이, 뒤통수를 덮고 시야와 귀를 가리지 않게 써야 하며 통풍이 잘 되어야 한다.

  자전거를 타기 30초 전 ABC 안전체크

A : Air(바람상태)

- 타이어의 상태(Air)상태를 점검한다. 찢어지거나 구멍이 뚫리지 않았는지 점검하고 바람이 충분하게 들어있는지 살펴본다.

B : Break(브레이크)

- 손잡이의 브레이크 레버를 당겨보고 브레이크가 바퀴 가장자리를 눌러 제대로 멈추는지 체크한다.

C : Chain(체인)

- 페달을 밟아 체인상태를 점검하며 한바퀴 돌아본다.

〈참고자료〉 자전거 안검을 하지 않았을 때

① 핸들이 흔들릴 경우

안전점검을 하지 않아 핸들이 흔들리면 방향을 마음대로 조정할 수 없고, 바꿀 수 없으므로 사전에 미리 하도록 지도한다.

② 브레이크가 약할 경우

브레이크는 갑자기 멈춰야 할 때, 또는 정지해야 할 때 사용하는 것으로 브레이크가 약하면 마음대로 정지할 수 없어 교통사고의 원인이 된다.

③ 타이어의 공기압이 약해질 경우

타이어의 공기압이 약해지면 힘이 전달되지 않을뿐더러 안전성을 잃게 되어 사고의 원인이 된다.

자전거 정기 점검 카드

점검항목		점검의 요점	날짜			
			4/	5/	6/	7/
1. 안장		- 두 다리가 땅에 닿는다. - 흔들리지 않는다.	○			
2. 핸들		- 구부러지지 않았다. - 흔들리지 않는다.	○			
3. 경음기		- 소리가 잘 난다. - 핸들을 잡고 울리기 쉬운 위치에 있다.	X			
4. 페달		- 뱅글뱅글 돈다. - 수평으로 되어있다.	○			
5. 타이어		- 공기가 팽팽하게 들어있다. - 찢어진 곳이 없다. - 홈은 닳아져 있지 않다.	○			
6. 브레이크		- 앞 브레이크가 잘 잡힌다. - 뒤 브레이크가 잘잡힌다.	○			
7. 전조등		- 밝게 켜진다. - 바로 앞을 향해 있다.	X			
8. 체인		- 너무 느슨하지 않다. - 너무 빡빡하지 않다.	○			
9. 반사재		- 깨지지 않았다. - 더러워지지 않았다.	○			
10. 전체		- 나사가 헐겁지 않다. - 달그락거리는 소리가 없다.	○			

보도에서 자전거를 탈 때

자전거를 탈 때, 언제나 보행자의 안전을 우선으로 생각합니다.

보행자의 통행을 방해할 우려가 있을 때에는 일단 정지하고, 혼잡한 도로에서는 자전거를 내려 밀고 가도록 해야 합니다.

자동차 옆을 지나갈 때

자동차 운전자가 운전시에 전혀 볼 수 없는 부분이 있는데, 이 곳을 「사각지대」 라고 합니다. 특히 자동차의 오른쪽으로 추월할 경우에 자동차 운전자가 보지 못할 때가 많습니다.

정차 또는 주차하고 있는 자동차 옆을 지나 갈 때, 충분한 안전거리를 유지하고 주의를 기울여야 합니다. 운전자가 자전거를 보지 못하고 내리기 위해서 갑자기 문을 열 수도 있기 때문입니다.

보도에서 자전거를 탈 때

자전거를 탈 때, 언제나 보행자의 안전을 우선으로 생각합니다.

보행자의 통행을 방해할 우려가 있을 때에는 일단 정지하고, 혼잡한 도로에서는 자전거를 타지 말고 밀고 가도록 해야 합니다.

길을 건널 때

횡단보도를 건널 때는 일시 정지한 후에 자전거를 내려 좌우를 살피고, 보행자 신호등이 녹색불일 때에 건넙니다. 그리고 횡단보도의 오른쪽으로 자전거를 밀며 건너고, 이 때 운전자와 눈을 맞춥니다.

철도 건널목을 건널 때는 일시 정지한 후에 좌우를 살피고(차단기가 올라가 있어도 살핍니다), 자전거에서 내려 자전거를 밀며 건넙니다.

도로에서 주행할 때

도로 우측 끝에서 타며, 아무리 급해도 신호등의 신호와 교통안전 표지를 꼭 지키고, 자동차의 바로 뒤를 따라가거나 붙잡고 타서는 절대 안됩니다.

친구와 함께 달릴 때

친구와 나란히 달리면 주위가 산만해질 뿐 아니라, 도로를 좁게하여 사고 위험이 높습니다. 특히 내리막길에서는 평상시보다 더 많이 띄우고 타는 것이 안전합니다.

꼭 일시정지를 해야 하는 경우

골목길에서 넓은 길로 갈 때, 갑자기 튀어 나갈 경우 진행 중인 자동차와 충돌할 수 있으므로 일시 정지하고 좌우를 살피며, 차가 안 오는 것을 확인하고 도로로 나가며, 도로에서는 우측에서 주행합니다. 일시정지 표지판을 익혀서 정지표지판 앞에서 정지하고 주위를 살핀 후에 서서히 움직입니다. 앞이 잘 안보이는 굽은 길에서는 일시 정지해서 차가 오는지 또 보행자가 없는지 확인하고 주의하며 움직입니다. 정지선표지가 있을 때는 모든 정지선에서 일시 정지해야하며, 건널목을 건널 때는 일시 정지해서 좌우를 살핀 후에 건너갑니다. 보도 끝나는 곳에서 차도로 나갈 때 일시정지해서 차가 오는지 살펴봅니다.

주변이 어두울 때(새벽, 해질 무렵, 밤)

눈에 잘 띄는 밝은 색상의 옷을 입어 보행자나 운전자에게 잘 보이도록 하며, 반사재가 부착된 자전거를 탑니다. 또한 자신의 존재를 똑똑히 보이게 하기 위해 전조등을 반드시 켜며, 앞에서 오는 차의 불빛 때문에 눈이 부실 때에는 도로의 우측 끝에서 차가 지나갈 때까지 기다립니다.

비나 눈이 올 때

비나 눈이 올 때에는 도로가 미끄러워 자동차나 자전거가 미끄러져 사고가 나기 쉽습니다. 날씨가 좋지 않을 때에는 자전거를 타지 않는 것이 가장 좋습니다. 그러나 꼭 타야하는 경우가 생긴다면, 날씨가 좋을 때보다 속도를 늦추고 멈추는데 충분한 시간을 두고 브레이크를 작동합니다.

질문27

자전거 운전면허 취득 방법과 주요 교육 내용에 대해 알고 싶습니다.

답변〉

자전거 운전면허 취득을 위한 열가지 실천교육 내용과 실기시험은 다음과 같다.

1.출발

-헬멧을 올바르게 착용하고 출발선에서 감독관의 지시대로 출발한다.

-헬멧은 눈썹 위에서 이마가 덮이도록 착용하며 반드시 버클을 채워야 한다.

2.똑바로 가기

-어린이가 서행 중 균형감각을 얼마나 잘 유지하는지 알아보는 코스. 길이10m, 너비20cm의 좁은 길을 선을 밟거나 이탈하지 않고 통과해야 한다.

-페달은 발 앞부분으로 밟아주는 것이 옳다.

-양쪽 라인을 밟거나 길을 이탈하면 점수를 잃게 되며, 3번 이상 발이 땅에 닿으면 점수를 잃게 된다.

3.횡단보도 건너기

-어린이가 횡단보도 앞에 선 바로 그 순간에 신호등이 초록색으로 바뀌었다고 가정하고 횡단보도를 올바르게 건너는 방법에 따라 건너도록 하는 코스

- [횡단보도] 앞에서 자전거를 내린다. - [좌 · 우]를 살핀다.
- 횡단보도 [오른쪽](화살표가 있는 쪽)에서 걸어서 건넌다.
- 횡단보도 오른쪽에서 건너는 이유는 차가 왼쪽에서 오기 때문에 오른쪽에 설수록 안전거리가 확보되기 때문이다.

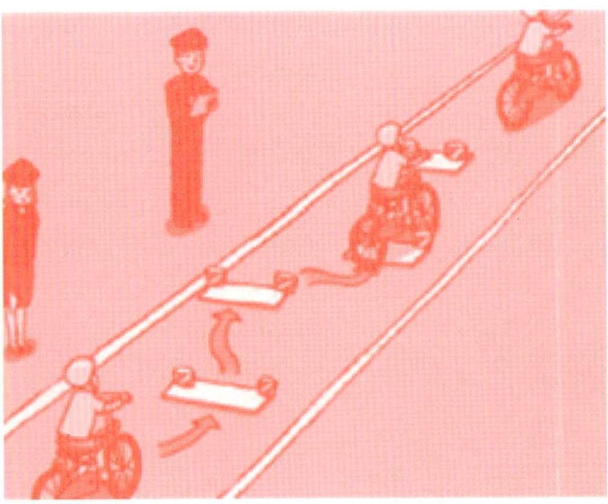

4.지그재그로 주행하기

-좁은 통로를 균형감각을 가지고 주행할 수 있는지 보는 코스로 점점 간격이 좁아지는 4개의 장애물을 넘어뜨리지 않고 통과해야 한다. 장애물 A는 두 기둥 간 간격이 60cm, 장애물 B는 50cm, 장애물 C는 40cm, 장애물 D는 30cm이다.

-장애물이 한개도 넘어지지 않아야 하며, 발이 한번 이상 땅에 닿으면 장애물을 넘어뜨리지 않아도 점수를 잃게 된다.

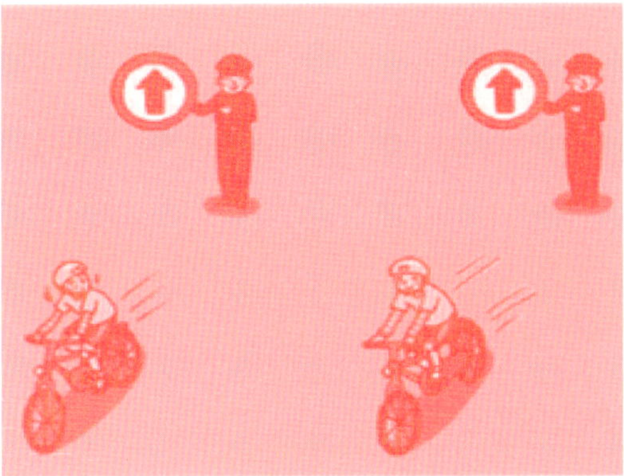

5~6 . 우회전, 좌회전 수신호하기

–내가 오른쪽으로 돌려고 할 때 뒤에서 오는 차도 오른쪽으로 돌려고 했다면 자전거 보다 자동차가 빠르기 때문에 돌다가 자동차에 부딪힐 수 있다. 우회전, 좌회전 수신호를 통해 어린이가 길에서 오른쪽이나 왼쪽으로 방향을 바꾸려고 할 때, 뒤에서 오는 차나 보행자에게 내가 어느쪽으로 가려고 한다는 것을 미리 알려줄 수 있도록 하기 위한 코스이다

–우(좌)회전 표시가 있는 곳에서 우(좌)회전을 하기 전에 오른(왼)쪽 팔을 수평이 되게 들어준 후 다시 핸들을 잡고 우(좌)회전을 하도록 한다.

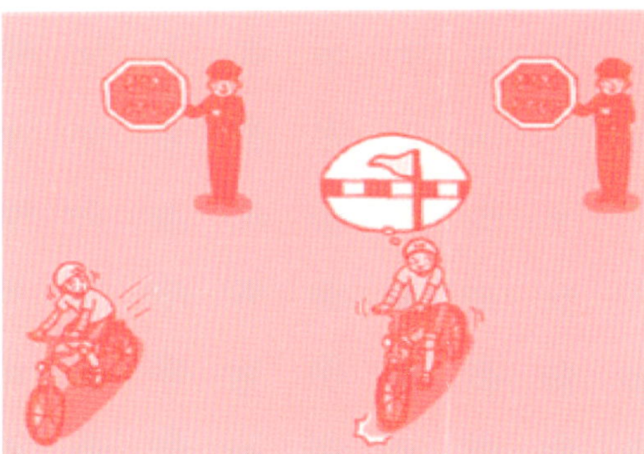

7.뒤쪽 확인하기

–어린이가 뒤쪽 위험을 확인하는 훈련과 교통안전 표지판을 준수하도록 한다.

코스에는 정지선이 2개 있는데 코스의 첫 번째 정지선에서 자전거를 타고 계속 가다가 오른쪽으로 고개를 돌렸을 때,

–정지 표시가 보이면 : 두 번째 정지선에서 정지했다가 곧바로 다시 출발한다.

–직진 표시가 보이면:정지하지 않고 다음 코스로 계속 간다.

–'정지'표시에서 정지하지 않고, '직진'표시에서 직진하지 않을 경우 점수를 잃는다.

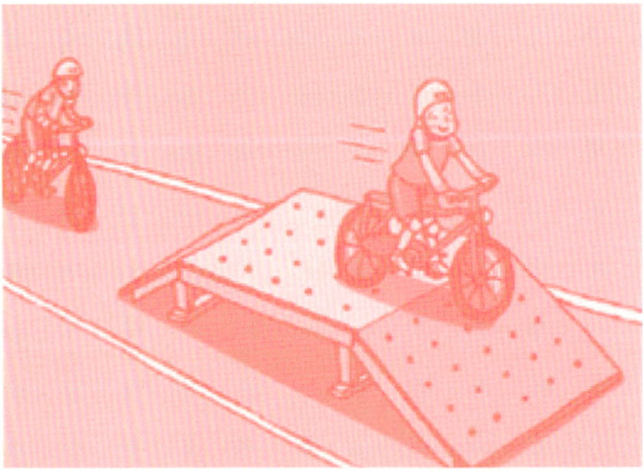	8.언덕 오르내리기 -언덕을 무사히 오르내리고 내려올 때 브레이크를 조정하여 바로 앞 정지선에서 정확하게 정지할 수 있는지를 보는 코스이다. 정지했다가 곧바로 다음 코스로 이동한다. -언덕을 무사히 오르내려야 하며, 정지선에서 정확히 정지해야 한다.
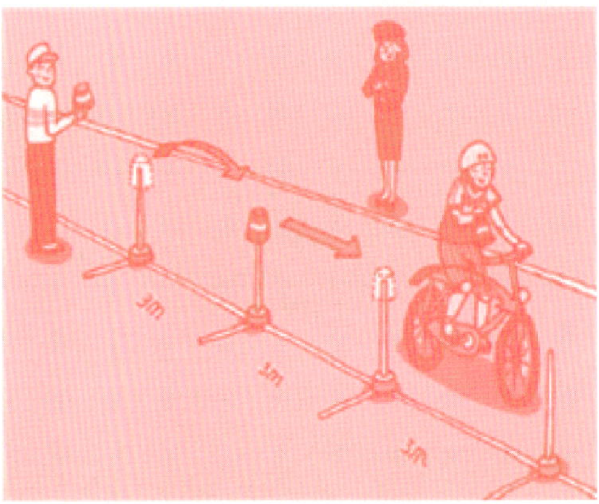	9.종이컵 옮기기 -땅에 발이 닿지 않은 상태에서 주행 중에 첫 번째 막대에 있는 종이컵을 두 번째 막대로 옮기고, 세 번째 막대에 있는 종이컵을 네 번째 막대에 옮긴다. -왼손이나 오른손으로 종이컵을 옮겨도 상관없다.

	10.도착 –자전거를 타고 가던 어린이가 갑자기 정지하게 되면 뒤에 오던 가속도 때문에 갑자기 멈추지 못해 앞에 있던 자전거와 충돌할 수 있다. 따라서 여기서는 자전거를 타고 가다가 정지를 하고자 할 때, 먼저 수신호를 하도록 한다. –정지 수신호 : 오른쪽이나 왼쪽 중 한쪽 팔을 아래로 뻗어 준 후 정지한다. – '정지' 수신호를 한 후에 정지선에 정확히 정지했다가 이동한다.

질문28

「내 자녀의 교통안전 수칙」을 만들어 집에 붙여 놓고 싶습니다. 어린이는 물론 운전자와 부모님 준수사항도 함께 알려주십시오.

답변〉

① 어린이 준수 사항

- 길을 건널 때는 '우선 멈춘다', '좌우를 본다', '횡단보도의 오른쪽에서 운전자를 보며 손을 든다'를 생활화 합니다.
- 녹색불이 들어와도 그냥 지나치는 차가 있으므로 반드시 차가 멈추었는가를 확인하고 건넙니다.
- 길을 건너는 동안 차를 계속 보면서 천천히 건넙니다.
- 무단횡단을 하지 않으며 이를 지키지 않는 친구들을 설득합니다.
- 운전자와 눈을 마주 친 다음 '제가 먼저 갈 테니 멈춰주세요' 하는 의사를 확실히 전달한 후 건넙니다.

② 어머니 준수 사항

- 자녀에게 철저한 교통안전 실천교육을 실시합니다.
- 나 하나만 편하자는 무단횡단이나 자녀를 데리고 하는 무단횡단을 절대로 하지 않습니다.
- 자녀와 자신의 안전을 위하여 어느 때나 교통법규를 잘 지키는 모범을 보입니다.
- 아이들이 마음 놓고 뛰어놀 수 있는 놀이 공간 확보에 적극 앞장섭니다.

③ 운전자 준수 사항

- 나만 조금 빨리 가고자 하는 과속 난폭운전을 결코 하지 않습니다.
- 길을 건너는 아이는 '모두 내 아이' 라는 생각으로 양보 운전합니다.
- 학교와 유치원 주변, 횡단보도 부근에 주 · 정차를 하지 않습니다.
- 주행 중 어린이를 발견했을 때 반드시 '먼저 가라' 고 손을 들어 신호합니다.
- 어린이를 우선하는 '방어운전' 의 중요성을 주변 운전자들에게 적극 홍보합니다.

3장. 연령별 어린이 교통 사례별 예방법

- 1 ~ 2세 사고 사례와 예방법
- 3 ~ 4세 사고 사례와 예방법
- 5 ~ 6세 사고 사례와 예방법
- 7 ~ 8세 사고 사례와 예방법
- 9 ~ 10세 사고 사례와 예방법
- 11~12세 사고 사례와 예방법

1

1~2세 사고 사례와 예방법

사례1 차량 앞에 있다가 주행 차량에 치여

사고현황

◎ 바로 집 앞 6m 이면도로 상에서 15인승 승합차가 1세 남아 어린이의 누나를 차에 태운 후 출발하던 중 누나를 배웅하기 위하여 차량 앞에 서 있던 1세 남아를 발견치 못하고 치여 사망케 한 사고이다.

사고원인

◎ 버스 운전자가 1세 남아가 바로 버스 앞에 있는 것을 발견치 못하고 급출발한 것이 사고의 직접 원인이다.

◎ 사고 예방적 측면에서 어머니가 1세 남아를 안고 있거나 손목을 붙잡고 데리고 있어야 했으나 어린 자녀를 홀로 둔 것이 사고의 발단이 되었다.

◎ 어린 유아가 차량의 앞뒤에 있으면 운전자는 잘 보이지 않는다는 점과 차량주변에서는 언제든지 사고가 날 수 있다는 점을 운전자와 어머니가 간과했다.

사고 예방법

◎ 차량 주변 사고는 언제든지 발생할 수 있다는 점을 부모님이 먼저 인식하는 것이 가장 중요하다.

◎ 어린 유아를 안고 있거나 손목을 붙잡는 등 반드시 어머니와 함께 있어야 한다.

◎ 운전자 역시 어린이가 차량 주변에 있을 수 있다는 생각으로 꼭 내려서 차량 앞뒤에 어린이가 있는지를 눈으로 직접 확인해야 한다.

사례2 차량 뒤에 있다가 후진하는 차에 치여

사고현황

◎ 7m 좁은 이면도로에서 승용차가 후진 중 1세 여아가 있는 것을 발견치 못하고 치어 사망케 한 사고이다.

사고원인

◎ 운전자가 주 · 정차 후 전진 또는 후진 시 반드시 내려서 눈으로 확인해야 함에도 불구하고 급 후진한 것이 사고의 직접적 원인이다.

◎ 예방적 측면에서 찻길에서 아이가 어머니품에서 벗어났다는 것도 문제이다.

사고 예방법

◎ 운전자는 좁은 이면도로상에서 차량 출발시 반드시 전 · 후, 좌 · 우에 어린이가 있는지 눈으로 꼭 확인해야 한다.

◎ 부모님은 어린 자녀를 차가 다니는 도로에 홀로 방치해서는 결코 안된다.*(실제 법원 판례는 만 6세 미만 어린이가 홀로 방치하여 운전자의 잘못으로 사고 발생시 관리 소홀로 부모님의 과실도 30% 부가했다)*

◎ 내 집 앞 좁은 도로라 할지라도, 잠깐 1~2분 정도라도 우리 자녀의 교통사고는 한 순간에 발생할 수 있음을 부모님이 깊이 인식하고 항상 어머니가 내 자녀를 직접 데리고 있어야한다.

사례3 이면도로에 있는 어린이를 과속차량이 치어

사고현황

◎ 6.3m 이면도로에서 승용차가 직진 중 도로상에 있던 1세 남아를 발견치 못하고 치어 사망케 한 사고이다.

사고원인

◎ 운전자가 좁은 이면도로 상에서 과속으로 달렸고, 도로상에 어린이가 있는 것을 발견치 못했다.

◎ 예방적 측면에서 1세 남아를 차가 다니는 이면도로에 홀로 방치한 것이 사고를 초래했다.

◎ 이면도로 상에 과속방지턱이 제대로 안 되어있는 등 안전시설도 미흡했다.

사고 예방법

◎ 운전자는 이면도로 운행시 언제, 어디서든지 어린이가 뛰어 나올 수 있다는 생각으로 20~30㎞ 이하로 서행운전, 방어운전을 해야 한다.

◎ 부모님은 차도에 어린이를 홀로 두지 않고 반드시 데리고 있어야 한다.

◎ 이면 도로에서 차량이 서행운전 하도록 과속방지턱을 촘촘하게 설치하여야 한다.

사례4 차량 바로 앞 어린이를 발견 못해 치어

사고현황

◎ 한 초등학교 부근에서 화물 소형 트럭이 문구점 앞에서 물건을 납품하고 출발하다 차량 바로 앞에 있던 2세 남아 어린이를 발견치 못하고 차량 전면 부분으로 치어 사망케 한 사고이다.

사고원인

◎ 운전자가 초등학교 부근임에도 불구하고 차량 앞·뒤에 어린이가 있을 수 있다는 생각을 하지 못하고 급출발한 것이 사고의 주 원인이다. 또한 어린이가 차량 앞·뒤, 좌·우에 있으면 보이지 않는 사각지대가 있음을 운전자는 간과했다.

◎ 예방적 측면에서 부모님 역시 2세 남아를 차가 다니는 이면도로에 홀로 둔 것이 사고를 초래했다.

사고 예방법

◎ 운전자는 스쿨존은 물론이고 중앙선이 없는 이면도로 운행시 반드시 30㎞ 이하로 서행운전, 방어운전을 해야 한다.

◎ 차량을 주·정차 후 출발할 경우 사각지대가 있음을 인식하고 반드시 전·후, 좌·우를 확인한 후 천천히 출발해야 한다.

◎ 부모님은 어린 유아를 차도에 홀로 방치하지 않고 항상 동행하거나 돌보아주어야 한다. 잠깐의 방심이 사고를 가져올 수 있다는 점을 깊이 인식해야 한다.

사례5 버스 앞 횡단 어린이를 치어

사고현황

◎ 7m 이면도로 상에서 12인승 승합차가 2세 남자 어린이를 하차 시켜 준 후 바로 그 버스 앞으로 지나가던 2세 남아를 발견치 못하고 출발하다 좌측 앞 범퍼로 하차시킨 어린이를 치어 사망케 한 사고이다.

사고원인

◎ 운전자가 하차시켜준 2세 남아가 버스 앞으로 건너가고 있는 것을 제대로 인식하지 못했다.

◎ 예방적 측면에서 부모님이 마중나와 어린 유아를 안전하게 동행하지 못한 것이 사고를 초래했다.

사고 예방법

◎ 운전자는 어린이를 하차시킨 후 내려준 차량의 바로 앞 · 뒤로 어린이가 횡단할 수 있음을 인식한 후 서행운전, 방어운전을 한다.

◎ 부모님이 어린이 하차시 반드시 동행하여 안전하게 귀가토록 해주어아야 한다. 만일 부모님이 안 나오신 경우 운전자 또는 인솔교사가 안전하게 길을 건널 수 있도록 지도한다.

◎ 운전자는 물론 부모님도 천천히 걷는 경우보다 뛰면 사고 위험이 7배나 높고, 주 · 정차된 차 바로 앞뒤를 뛰어서 횡단시 그 차에 가려 어린이가 안보여 사고 위험이 18배나 높음을 인식하고 평상시 안전교육을 실시한다.

사례6 버스 앞으로 횡단하는 어린이를 발견 못해 치어

사고현황

◎ 6m 이면도로에서 15인승 승합차가 어린이를 하차 시켜 준 후 출발하다 어린이 집에서 걸어 나오던 2세 여자 어린이를 발견치 못하고 차량의 좌측 앞 범퍼로 충격, 사망케 한 사고이다.

사고원인

◎ 승합차 운전자가 어린이를 하차시킨 후 좁은 이면도로를 주행하다 어린이집에서 나오는 2세 여아를 발견치 못했다.

◎ 100인 이상 어린이집, 유치원은 스쿨존으로 어린이 교통안전 특별 보호구역임에도 불구하고 운전자의 부주의 운전과 과속운전이 2세 여아를 사망케 했다.

◎ 예방적 측면에서 어린이집 선생님이 반드시 유아와 동행하여 안전하게 귀가토록 하는 의무를 다하지 못했다.

사고 예방법

◎ 운전자는 이면도로 상에서는 20~30㎞ 이하 서행운전과 방어운전을 해야 한다. 특히 어린이집, 유치원 주변은 스쿨존으로 운전자가 보다 각별한 주의를 해야 한다.

◎ 인솔교사는 어린 유아가 혼자 차도로 나오지 않도록 반드시 동행하여 돌보아 주어야 한다.

◎ 어린이집, 유치원 입구와 주변은 과속방지턱을 보다 촘촘하게 설치하여 운전자가 물리적으로 속도를 내지 못하도록 해야 한다.

사례7 도로횡단 어린이를 발견 못하고 치어

사고현황

◎ 왕복 2차로 도로에서 택시가 승객을 하차 시킨 후 직진하다 도로를 횡단하는 2세 남아를 발견치 못하고 치어 사망케 한 사고이다.

사고원인

◎ 운전자가 전방주시 태만으로 어린 유아가 차도로 뛰어 건너는 것을 발견치 못한 것이 사고의 주 원인이다.

◎ 예방적 측면에서 2세 남아를 홀로 차도를 건너도록 방치한 보호자 역시 책임이 크다.

사고 예방법

◎ 어린 유아를 차도에 홀로 방치하지 않고 반드시 보호자가 동행해야 한다.

◎ 운전자는 어린이가 좁은 도로의 경우 언제든지 갑자기 차도로 뛰어들 수 있음을 인식하고 항상 좌 · 우를 살피며 서행운전을 해야 한다.

◎ 부모님은 어릴 때부터 차도로 혼자 나가는 행동의 위험성 등 평상시 안전교육을 실시한다.

사례8 차량 뒤에 있다 후진 차량에 치여

사고현황

◎ 6m 이면도로 상에서 승합차량이 2세 여아를 하차시켜 준 후 후진하다 하차 시켜 준 여아를 치어 사망케 한 사고이다.

사고원인

◎ 운전자가 어린 유아가 버스에서 내린 후 버스의 앞 · 뒤에 있거나 또는 앞 · 뒤로 뛰어서 횡단하는 등의 행위를 할 수 있음을 인식하지 못했다. 특히 차량 뒤에서 어린이가 있는데 직접 내려서 눈으로 확인하지 않고 느낌으로만 '아무도 없겠지' 하며 안일하게 생각하고 후진한 것이 사고의 주 원인이다.

◎ 예방적 측면에서 부모님 역시 2세 여아를 홀로 방치했다는 점에서 책임이 있다.

◎ 승합차량에 인솔 교사가 없어서 2세 여아를 홀로 방치하여 사고를 초래케 했다.

사고 예방법

◎ 승합차량 운전자는 어린 유아들이 버스에서 내려서 금방 집으로 가지 않고 차량주변 특히 뒤에서 멈추어 있을 수 있다는 생각으로 후진 시 반드시 내려서 앞 · 뒤를 확인해야 한다.

◎ 어린이를 태운 승합차량에는 반드시 인솔교사가 동승하여 어린이들의 안전한 승하차는 물로 차량 주변의 위험성을 알려주는 등 안전하게 귀가토록 적극 돌보아주어야 한다.

◎ 부모님 역시 어린 유아가 혼자 방치되지 않도록 돌보아주며 차량 뒤에 있는 행위의 위험성을 평상시에 알려주어야 한다.

사례9 버스 앞에 있다 직진차량에 치여

사고현황

◎ 7m 이면도로 상에서 승합차량이 2세 남아의 형을 탑승시키고 피해자 모친과 잠시 대화를 나눈 후 출발하다 2세 남아를 치어 사망케 한 사고이다.

사고원인

◎ 승합차량 운전자가 차량 앞에 2세 남아가 있음에도 불구하고 이를 발견치 못하고 급출발한 것이 사고의 주 원인이다.

◎ 예방적 측면에서 어머니가 잠시 운전자와 대화를 나누며 2세 남아를 홀로 방치한 점도 사고의 간접 원인이다.

사고 예방법

◎ 유아를 차가 있는 도로로 데리고 나올 경우 부모님은 반드시 손목을 붙잡고 있거나 안고 있는 등 차도에서 홀로 있게 해서는 결코 안된다.

◎ 어린이 교통사고는 한 순간에 발생하며 부모님의 순간적인 방심에 의해 어린 생명이 목숨을 잃을 수 있음을 심각하게 인식해야 한다.

◎ 운전자는 이면도로 상에서 전진 또는 후진시 차량 앞 · 뒤에 어린이가 있을 수 있으므로 반드시 차에서 내려 눈으로 확인해야 한다.

사례10 신호등 있는 횡단보도를 건너다가 치여

사고현황

◎ 편도 2차로 도로에서 경운기가 전방 적색 신호에 멈추지 않고 그대로 진행하다 보행자 녹색신호를 보고 횡단보도를 건너던 2세 남아를 치여 사망케 한 사고이다.

사고원인

◎ 경운기 운전자가 유아가 도로를 건너는 것을 발견치 못하고 보행자 녹색불을 무시하고 달려온 것이 사고의 가장 큰 원인이다.

◎ 예방적 측면에서 부모님 역시 2세 남아를 신호등 있는 횡단보도를 혼자 건너게 했다는 점 역시 사고의 30% 책임이 있다.

사고 예방법

◎ 만 6세 미만의 어린이를 홀로 도로에 방치하다 사고 발생시 법원 판례는 보호자 과실 비율을 30%로 판결한 바 있으므로 보호자가 동행해야 한다.

◎ 운전자는 반드시 신호를 준수하고 보행자를 보호해 주는 안전운전을 실천해야 한다.

◎ 유아에게 녹색불이 들어와도 그냥 지나가는 차가 있음을 알려주고 반드시 차량 멈춤을 확인하고 길을 건너는 습관을 길러 주어야 한다.

2 3~4세 사고 사례와 예방법

사례 1 버스 앞으로 횡단하는 어린이를 발견 못해 치어

사고현황

◎ 6m 이면도로 어린이 집 앞에서 12인승 승합차가 어린이들을 하차 시킨 후 출발하다 승합차에서 내린 3세 여아가 차량 앞으로 뛰어나가는 것을 발견치 못해 치어 사망케 한 사고이다.

사고원인

◎ 승합차 운전자가 3세 여아를 하차시킨 후 차에서 내린 여아가 차량 앞으로 뛰어 가는 것을 발견하지 못한 것이 사고의 주 원인이다.

◎ 예방적 측면에서 3세 여아가 버스에서 하차시 보호자가 기다렸다가 자녀를 안전하게 동행했어야 했는데 홀로 도로를 건너도록 방치한 점도 사고에 일정 책임이 있다.

◎ 인솔교사가 동승하여 안전하게 승하차 및 안전한 도로횡단에 도움을 주어야 하는데 당시 인솔교사가 없었다.

◎ 평상시 어린이가 차량 앞뒤 횡단의 위험성에 대해 충분한 교육을 받지 못했다.

사고 예방법

◎ 운전자는 평상시 하차시켜준 어린이가 차량 앞뒤 횡단 위험성을 충분히 인지하고 이에 대비하는 방어운전을 해야 한다.

◎ 부모님은 자녀를 위험한 도로에 홀로두지 않아야 하며 평상시 뛰어 횡단, 차량 앞뒤 횡단의 위험성에 대해 안전교육을 실시하여야 한다.

◎ 모든 어린이 통학 차량에는 인솔교사를 두고, 그 교사가 하차한 어린이가 안전하게 귀가할 수 있도록 적극 돌보아 주고 평상시 탑승 어린이들에 대하여 안전교육을 실시해야 한다.

사례2 길에서 놀던 어린이를 과속차량이 치어

사고현황

◎ 7m 이면도로에서 사고차량이 길에서 놀고 있는 3세 남아를 발견치 못하고 직진하다 치어 사망케 한 사고이다.

사고원인

◎ 운전자가 좁은 이면도로에서 비교적 과속으로 달렸으며 길에서 놀고 있는 어린이를 발견치 못한 것이 사고의 주 원인이다.

◎ 예방적 측면에서 부모님이 3세 자녀를 찻길에서 홀로 놀게 방치한 점이 사고를 초래했다.

사고 예방법

◎ 운전자는 좁은 이면도로 운행시 언제, 어디서든지 어린이가 뛰어 나올 수 있다는 생각으로 서행운전, 방어운전을 해야 한다.

◎ 부모님은 어린 자녀가 찻길에서 혼자 놀지 않도록 항상 돌보아주어야 한다.

◎ 평상시 자녀에게 찻길에서 놀 때의 위험성, 차량 앞 뒤 횡단의 위험성에 대하여 교통안전교육을 실시하여야 한다.

사례3 어린이 보호 장구를 장착치 않아 사고발생

사고현황

◎ 고속도로에서 뒷차가 추돌하여 어린이 보호장구를 하지 않고 뒷좌석에 앉아있던 3세, 5세 남매중 1명은 사망 1명은 큰 중상을 당하는 대형사고가 발생했다.

사고원인

◎ 고속도로에서 안전거리를 확보하지 않은채 과속으로 달려온 뒷 차량의 운전자가 사고의 주범이다.

◎ 예방적 측면에서 「만에 하나」 사고 날 것에 대비하여 어린 자녀들에게 보호장구를 착용하지 않은 점이 사망과 큰 중상을 입히는 대형사고를 초래했다.

사고 예방법

◎ 운전자는 고속도로에서 항상 안전거리를 확보하고, 무리한 추월과 과속 운전을 하지 않는 등 안전운전을 실천해야 한다.

◎ 부모님은 '언제든지 사고는 날수 있다' 라는 생각으로 어린 자녀들에게 체격에 맞는 보호장구를 반드시 장착해주어야 한다.

※ 현행법상 6세 미만 어린이들에게 보호장구 미착용시 범칙금을 부과하고 있다.

사례4 차량 앞으로 걸어오던 어린이를 치어

사고현황

◎ 7m 이면도로 상에서 사고 차량이 좌회전 하던 중 차량 앞으로 걸어오는 3세 남아를 미쳐 발견치 못하고 사망케 한 사고이다.

사고원인

◎ 운전자가 전방주시 태만으로 좌회전하면서 내 차량 앞으로 걸어오는 3세 남아를 발견하지 못한 것이 사고의 주 원인이다.

◎ 어린 자녀를 홀로 방치, 찻길을 혼자 건너도록 한 것도 사고의 간접 원인이다.

◎ 평상시 「도로를 안전하게 건너는 방법」에 대한 안전교육도 부족했다.

사고 예방법

◎ 이면도로 상에서, 특히 중앙선이 없는 삼거리, 폭이 좁은 4거리에서는 어린이는 물론 어른 보행자들도 사고를 당할 위험성이 매우 높으므로 운전자는 서행, 방어운전을 해야 한다.

◎ 부모님은 어린 자녀를 홀로 방치하지 말고 찻길을 건널 때는 반드시 동행하며 현장에서 손목을 붙잡고, 손드는 이유와 손드는 올바른 방법, 운전자와 눈맞추기 등 도로를 안전하게 건너는 방법을 철저히 교육해야 한다.

사례5 길 건너던 어린이를 과속차량이 치어

사고현황

◎ 7m 이면도로 상에서 사고차량이 뛰어 횡단하는 3세 여아를 미쳐 발견치 못해 치어 사망케 한 사고임

사고원인

◎ 운전자가 좁은 이면도로를 과속으로 달리다 어린이가 갑자기 차도로 뛰어드는 것을 발견치 못한 것이 사고의 주 원인이다.

◎ 3세 여아가 혼자 도로를 건너도록 방치한 보호자도 간접 책임이 있다.

◎ 예방적 측면에서 부모님이 자녀에게 평상시 도로를 안전하게 건너는 방법에 대한 교육이 부족했다.

사고 예방법

◎ 좁은 이면도로를 주행하는 모든 운전자는 언제든지 어린이가 갑자기 뛰어 나올 수 있다는 생각으로 20㎞ 이하 「서행운전「방어운전」을 해야 한다.

◎ 유아를 찻길에 혼자 두지않고 반드시 보호자가 동행해야 한다.

◎ 평상시 유아에게 뛰어 횡단의 위험성과 도로를 안전하게 건너는 방법에 대한 안전교육을 꾸준히 실시해야 한다.

사례6 이면도로에서 과속차량에 치여

사고현황

◎ 6m 이면도로에서 과속으로 달려오던 차량이 보행하던 4세 여아를 발견치 못하고 치어 사망케 한 사고이다.

사고원인

◎ 좁은 이면도로에서 과속으로 달렸고, 어린 유아가 걸어오는 것을 발견치 못한 운전자가 사고의 주범이다.

◎ 4세 유아를 차가 다니는 길에서 혼자 걷도록 하여 제대로 보호하지 못한 부모님 역시 간접책임이 있다.

◎ 평상시 자녀에 대한 「이면도로의 안전한 보행법」에 대한 교육도 부족했다.

사고 예방법

◎ 좁은 이면도로를 운행하는 모든 운전자는 반드시 20㎞이하 「서행운전」,「방어운전」을 해야 하며 과속방지턱을 촘촘하게 설치, 운전자가 속도를 내지 못하도록 한다.

◎ 4세 유아는 반드시 보호자의 동행 하에 차도로 나가야 한다.

◎ 부득이 홀로 보행할 것에 대비, 평상시 이면도로의 안전한 보행법, 즉 차가 오면 우선 멈춘 후 몸을 벽쪽으로 붙이고 차량이 지나간 다음 다시 보행하는 방법을 실제 도로상에서 알려 주어야 한다.

사례7 신호등 있는 횡단보도에서 횡단하다가 치여

사고현황

◎ 왕복 4차로 도로에서 오후 9시경 사고차량이 신호를 위반하며 좌회전하던 중 보행자 녹색불을 보고 횡단하던 4세 남아를 치어 사망케 한 사고이다.

사고원인

◎ 신호위반, 보행자 보호의무 위반, 과속운전을 한 운전자가 사고의 100% 책임이다.

◎ 예방적 측면에서 밤 9시에 4세 자녀가 4차로 도로를 혼자 건너도록 방치한 부모님도 간접 책임이 있다.

◎ 평상시 횡단보도를 안전하게 건너는 방법에 대한 교육이 부족했다.

사고 예방법

◎ 교통사고 원인의 대부분은 운전자 과실이다. 모든 운전자는 '나도, 내 가족도 교통사고를 당할 수 있고, 사고를 낼 수 있다' 는 생각으로 「양보운전」, 「안전운전」을 실천해야 한다.

◎ 새벽과 밤시간은 운전자의 보행자에 대한 시인성이 떨어지므로 가급적 차도로 나가지 않도록 하고, 부득이 외출시 보호자가 반드시 동행해야 한다.

◎ 어린 자녀를 둔 부모님들은 평상시 횡단보도 횡단시 우측통행의 안전성, 운전자와 눈 맞추는 습관 등에 대한 안전교육을 자녀에게 철저히 실시해야 한다.

사례8 대문 앞에서 뛰어 나오는 어린이를 발견 못하고 치어

사고현황

◎ 6m 이면도로 상에서 승합차량이 놀이방 어린이를 태운 후 주행하다 대문에서 뛰어나오는 4세 여아를 발견치 못해 치여 사망케 한 사고이다.

사고원인

◎ 운전자가 좁은 이면도로에서 과속으로 달렸고, 갑자기 집에서 뛰어나오는 어린이를 발견치 못한 것이 사고의 주 원인이다.

◎ 예방적 측면에서 4세 여아를 차가 다니는 차도로 홀로 나오게 한 보호자도 간접 책임이 있다.

◎ 차도로 나갈 때 우선 멈추는 습관 등에 대한 안전교육도 부족했다.

사고 예방법

◎ 이면도로를 운행하는 모든 운전자는 서행과 「방어운전」, 보행자를 배려하는「양보운전」을 해야한다.

◎ 집 앞이 바로 차도인 경우 어린이는 뛰지 않고 우선 멈춘 다음 차가 오는지 확인한 후 차도로 나가야 된다.

◎ 부모님은 어린 자녀가 혼자 도로로 나가지 않도록 하고 평상시 차도로 나갈 때는 「우선 멈추는 습관」을 길러주도록 평상시 철저히 교육한다.

사례9 주 · 정차된 차량 사이에서 뛰어나오다 치여

사고현황

◎ 양쪽 방향 모두 주차가 되어 있는 중앙선이 없는 이면도로에서 사고 차량이 좌회전을 하다 우측 부분에서 뛰어나오는 4세 여아를 발견치 못하고 충격케하고 뺑소니를 하다 검거됐으나 4세 여아는 치료 중 사망하였다.

사고원인

◎ 과속으로 달려온 운전자가 뛰어 나오는 어린이를 발견치 못하고 차로 치인후 뺑소니를 한 범죄 행위가 어린 4세 여아를 사망케 한 주원인이다.

◎ 예방적 측면에서 4세 여아를 혼자 도로를 건너도록 한 부모님도 간접 책임이 있다.

◎ 평상시 자녀에 대한도로를 안전하게 건너는 방법에 대한 안전 교육도 미흡했다.

사고 예방법

◎ 중앙선이 없는 이면도로에 과속방지턱을 촘촘히 설치, 운전자의 서행 · 방어운전을 유도해야한다.

◎ 4세 유아가 혼자 차도를 건너지 않도록 보호자가 동행하여야 한다.

◎ 길을 건널 때 「운전자와 눈 맞추는 습관」 등 항상 차가 멈추어 있는 것을 확인한 후 건너야 한다.

사례10 신호등 있는 횡단보도서 신호위반 차량에 치여

사고현황

◎ 왕복 6차로 도로에서 오후 9시경 사고차량이 보행자 녹색불에 걸리지 않기 위하여 시속 80~90km로 과속 운전을 하다 보행자 녹색불에 횡단보도를 건너는 보행자를 발견하고 급 감속하여 멈추려고 했으나 제동이 덜 돼 4세 남아를 치여 현장에서 사망케 하였다.

사고원인

◎ 운전자가 보행자 녹색불에 걸리지 않기 위하여 보다 속력을 내고 달려온 점이 사고의 주 원인이다.

◎ 예방적 측면에서 4세 남아가 밤 9시에 홀로 도로를 건너게 한 보호자의 관리 부실도 사고의 간접 책임이다.

◎ 평상시 「횡단보도를 안전하게 건너는 방법」에 대한 교육도 부족했다.

사고 예방법

◎ 만 6세 미만 어린이가 홀로 보행하다 사고 발생시 부모의 관리소홀도 간접 책임이 있으므로 반드시 보호자와 동행하여 도로를 건너도록 해야한다.

◎ 신호등있는 횡단보도를 건널 때 보행자 녹색불이 들어와도, 손을 들어도 그냥 지나치는 차가 있으므로 꼭 손을 들고 차량 멈춤을 확인한 후 건너야 한다.

3

5~6세 사고 사례와 예방법

사례1 이면도로상 어린이를 과속차량이 치어

사고현황

◎ 주택가 이면도로에서 비교적 과속으로 달려오던 가해차량이 직진하던 중 우측에서 좌측으로 뛰어 건너는 5세 남아를 발견치 못하고 치어 사망케 하였다.

사고원인

◎ 주택가 이면도로임에도 불구하고 비교적 과속으로 달렸고, 길을 건너는 어린이를 발견치 못한 운전자가 사고의 주범이다.

◎ 5세 남아를 홀로 차도에 나가게 한 보호자의 관리 과실도 예방적 측면에서 간접 책임이 있다.

◎ 도로를 안전하게 건너는 방법, 이면도로의 안전한 보행법에 대한 교육이 미흡했다.

사고 예방법

◎ 주택가 이면도로를 운행하는 운전자는 '언제 어디서든지 어린이가 뛰어들 수 있다' 는 생각으로 20㎞이하 서행운전을 해야 한다.

◎ 주택가 이면도로에 과속 방지턱을 촘촘히 설치하여 운전자가 근원적으로 속도를 내지 못하도록 해야 한다.

◎ 5세 남아는 반드시 보호자가 동행하여야 하며 평상시 안전한 도로 횡단 방법에 대한 교육을 철저히 실시해야 한다.

사례2 무단횡단하다 과속차량에 치여

사고현황

◎ 왕복 2차로 도로에서 가해차량이 비교적 빠르게 직진 중 5세 남아가 무단횡단 하다가 가해차량이 피해자를 발견치 못하고 치어 사망케 하였다.

사고원인

◎ 운전자가 왕복 2차로 도로에서 비교적 과속으로 달렸고, 전방주시태만으로 차도로 뛰어드는 어린이를 발견치 못한 것이 사고의 주 원인이다.

◎ 예방적 측면에서 5세 남아를 혼자 도로를 건너게 한 보호자의 관리부실도 간접 책임이 있다.

◎ 도로를 안전하게 횡단하는 방법에 대한 안전교육도 미흡했다.

사고 예방법

◎ 운전자는 중앙선에 가드레일 등 무단횡단 방지시설이 없는 도로에서는 언제든지 무단횡단이 있을 수 있다는 생각으로 전방주시와 서행, 방어운전을 해야한다.

◎ 5세 남아의 경우 반드시 보행자가 동행하여야 하며 평상시 안전교육을 실시하여 안전한 도로횡단 방법을 숙지, 실천토록 해야 한다.

사례3 신호등 없는 횡단보도에서 도로를 건너다 치여

사고현황

◎ 왕복 2차로 신호등이 없는 횡단보도에서 가해차량이 비교적 빠르게 주행하다 횡단보도를 건너는 5세 남아를 치어 사망케 한 사고이다.

사고원인

◎ 신호등이 없는 횡단보도에서 어린이가 건너고 있음에도 불구하고 보행자를 배려하려는 마음보다는 '당연히 차가 먼저 가야지' 라고 생각한 운전자의 조급한 마음이 사고의 주 원인이다.

◎ 예방적 측면에서 5세 남아를 혼자 도로를 건너게 한 보호자에게도 간접 책임이 있다.

사고 예방법

◎ 신호등이 없는 횡단보도에서의 사고는 대부분 보행자의 경우 '내가 먼저 갈까, 운전자를 먼저 보낼까' 하다 서로 먼저 가려고 하다 발생한다. 따라서 운전자는 보행자에게 손으로 먼저 가라고 표시해주고 보행자는 운전자에 손을 들어 내가 먼저 가겠다는 의사표시를 하고 「차량 멈춤」을 확인한 후 건너야 한다.

◎ 운전자는 보행자를 배려하는 양보운전을 해야하며, 부모님은 6세 미만까지는 반드시 동행을 하며 안전한 도로횡단 방법에 대한 교육을 철저히 실시해야 한다.

사례4 주·정차된 차량사이서 뛰어 나오다 치여

사고현황

◎ 양쪽에 불법 주·정차가 되어 있는 왕복 2차로 도로에서 가해차량이 잠시 정차 후 빠르게 주행하다 진행방향 우측에서 차량사이로 뛰어 나오는 5세 여아를 발견치 못하고 치어 사망케 하였다.

사고원인

◎ 운전자가 왕복 2차로 도로에서 과속으로 달린 점과 전방 주시태만으로 뛰어나오는 어린이를 발견치 못한 것이 사고의 주 원인이다.

◎ 길가에 불법 주·정차한 차량 때문에 차 사이에서 뛰어 나오는 어린이를 발견치 못해 불법 주·정차 차량이 사고를 조장했다.

◎ 5세 유아를 혼자 도로에 방치한 점과 평상시 안전 교육이 미흡한 점 역시 사고의 간접 책임이 있다.

사고 예방법

◎ 비교적 넓지 않은 도로가에 불법 주·정차한 차량이 사고를 조장할 수 있으므로 강력한 단속을 실시, 불법 주·정차를 하지 못하도록 해야 한다.

◎ 운전자는 항상 전방주시 의무와 보행자 배려운전 등을 실천해야 한다.

◎ 부모님은 5세 유아가 도로로 나갈 경우 항상 동행하며 실제 도로상에서 발생할 수 있는 교통사고 유형과 예방법을 지도해야 한다.

사례5 어린이용 보호 장구를 장착치 않아 발생한 사고

사고현황

◎ 경부고속도로 오산 부근에서 차량 조수석 뒷좌석에 어른용 안전벨트를 매고 있던 5세 남아가 뒷 차량의 추돌사고로 튕겨나가다 꼬인상태로 매고 있던 안전벨트에 장파열로 사망하는 사고가 발생했다.

사고원인

◎ 고속도로에서 뒷 차량의 운전자가 안전거리를 충분히 확보하지 않은채 과속으로 달려오며 피해차량을 추돌시킨 것이 사고의 주 원인이다.

◎ 뒷좌석에 앉아있던 5세 남아가 어린이 보호장구를 하지 않고 어른용 안전벨트를 맸고, 그 벨트마저 꼬여져 있어 장파열을 초래했다.

◎ 부모님 역시 고속도로 상에서 어린이 보호장구의 중요성을 간과한채 어른용 안전벨트를 매게 한 것이 사고의 간접 책임이다.

사고 예방법

◎ 고속도로 상에서 만일의 사고에 대비하여 어린이들에게 반드시 체격에 맞는 보호장구를 장착해 주어야 한다.

◎ 어린이는 상대적으로 안전한 운전석 뒷자리에 앉히는 것이 가장 안전하다.

◎ 경찰은 어린이 보호장구의 중요성을 적극 홍보한 후 고속도로 톨게이트에서 어린이 보호장구 미장착 차량에 대해 강력한 단속을 해야 한다.

사례6 닫히는 차문에 옷이 끼면서 발생한 사고

사고현황

◎ 초등학교 앞 왕복 6차로 도로에서 승합차량이 6세 여아를 하차 시킨 후 출발했는데 그만 피해자의 옷이 뒷문에 끼인 채 끌려가다가 사망한 사고이다.

사고원인

◎ 승합차량에서 내린 6세 여아의 옷이 닫히는 문에 끼인채 끌려가고 있는데 운전자는 이를 알지 못하고 그대로 주행한 것이 사고의 주원인이다.

◎ 승합차량에는 인솔교사가 없었고, 운전자 역시 눈으로 확인하지 않고 '다 내렸겠지' 하며 예측 출발한 것이 가장 큰 문제였다.

사고 예방법

◎ 인솔교사가 없는 경우 승합차량 운전자는 반드시 내려서 눈으로 어린이들이 다 내렸는지 직접 확인해야 한다.

◎ 어린이의 옷차림은 닫히는 문에 끼지 않도록 단정한 바지차림이 좋으며 끈달린 옷과 긴치마를 입었을 경우 더욱 주의하여야 한다.

◎ 어린이 승합차량에는 반드시 인솔교사를 배치하며, 인솔교사가 어린이들의 안전한 승하차와 도로횡단 등을 직접 지도해야 한다.

사례7 트럭이 후진하면서 어린이를 발견 못해 사고 발생

사고현황

◎ 왕복 6차로 도로 옆 보도에서 주차되어 있던 트럭이 후진하다 6세 남아를 발견치 못하고 적재함 뒷부위로 치어 사망케 함

사고원인

◎ 보도에 차량을 주차했고, 후진하면서 뒤에 어린이가 있는 것을 발견하지 못한 운전자의 100% 과실이다.

◎ 예방적 측면에서 6세 남아를 보호자 없이 홀로 보행하게 한 부모님도 간접 책임이 있고 보도에 주차한 차량에 대한 단속을 제대로 안한 경찰도 책임이 있다.

◎ 항상 멈추어 있는 차는 뒤로 움직이므로 차량 앞뒤에 있으면 얼마나 위험한지에 대한 안전교육도 미흡했다.

사고 예방법

◎ 경찰이 보도상에 불법 주 · 정차한 차량에 대한 강력한 단속을 실시하여 보도상에 차량을 주 정차하지 못하도록 해야한다.

◎ 6세 남아가 차도로 나갈 경우 반드시 보호자가 동행해야 한다.

◎ 평상시 자동차의 특성과 불법 주 · 정차 차량의 위험성에 대한 교통안전교육을 꾸준히 실시해야 한다.

사례8 하차한 차량 앞으로 뛰어 건너다 발생한 사고

사고현황

◎ 6m 이면도로에서 승합차량이 6세 여아를 하차시킨 후 내려준 차량 앞으로 뛰어가는 피해자를 발견치 못하고 직진하다 치어 사망케 하였다.

사고원인

◎ 어린이 승합버스가 이면도로에서 어린이를 하차시켜 준 후 그 어린이가 내 차량 앞으로 뛰어 가는 것을 운전자가 발견치 못한 것이 사고의 주원인이다.

◎ 승합버스에는 인솔교사가 없었고, 6세 여아의 부모님 역시 없어 어린이가 홀로 뛰어가다 사고를 당했다.

사고 예방법

◎ 어린이 승합버스 운전자는 어린이가 내려 차량 앞뒤로 뛰어 횡단할 수 있고, 또는 차량 뒤에서 잠시 머물러 있다가 갈 수 있다는 생각으로 차에서 내려 눈으로 직접 확인하는 등 항상 방어운전을 해야 한다.

◎ 부모님은 평상시 버스 앞뒤 횡단의 위험성 등에 대한 교육을 철저히 실시해야 한다.

◎ 승합버스에 인솔교사를 1명씩 배치하여 안전한 승하차, 안전한 도로횡단에 도움을 주어야 한다.

사례9 횡단보도에서 신호 위반 차량에 의해 사고 발생

사고현황

◎ 왕복 4차로 도로 신호등있는 횡단보도에서 가해차량이 보행자 녹색불이 들어 왔음에도 불구하고 빠르게 운행하다 횡단보도를 건너던 6세 남아를 치어 사망케 하였다.

사고원인

◎ 보행자 녹색불에 걸리지 않기 위하여 과속을 했고 보행자 신호가 들어왔음에도 신호를 위반한 운전자의 100% 과실이다.

◎ 부모님은 어린이가 가급적 홀로 도로를 건너지 않도록 해줌은 물론 평상시 도로를 안전하게 건너는 방법을 철저히 교육했어야 했는데 이를 제대로 못한 것도 사고의 간접 책임이다.

사고 예방법

◎ 녹색불이 들어와도, 손을 들어도 그냥 지나치는 차가 있으므로 차량 멈춤을 꼭 확인한다.

◎ 운전자는 신호등있는 횡단보도 진입시 '곧 신호가 바뀔 수도 있다' 라는 생각으로 보행자를 배려하며 서행운전을 해야 한다.

◎ 부모님은 평상시 횡단보도 우측통행의 안전성, 녹색불이 들어와도 차량 멈춤 확인 등 운전자와 눈 맞추기 교육을 철저히 실시해야 한다.

사례10 음주 과속 차량에 치여 발생한 사고

사고현황

◎ 주택가 공사현장 이면도로에서 혈중 알콜농도 0.184%의 만취차량이 과속으로 달리다 보행자 3명을 치어 이중 6세 여아는 사망하고 나머지 2명은 중상을 입히는 대형 사고가 발생했다.

사고원인

◎ 이면도로에서 음주운전과 과속운전을 한 운전자의 100% 과실이다.

◎ 예방적 측면에서 이면도로의 안전한 보행법에 대한 교육이 미흡했다.

사고 예방법

◎ 이면도로, 주택가 생활도로에서 과속 난폭 운전 차량, 음주운전 차량에 대하여 가중처벌 하는 등 특단의 교통안전대책이 요구된다.

◎ 음주운전 단속 기준을 현행 0.03에서 0.015로 낮추고 동승자 처벌 조항까지 명문화 하고, 경찰의 음주운전에 대한 단속도 대폭 강화해야 한다.

◎ 이면 도로를 걸을 때는 벽 쪽으로 붙어 걷는 것이 보다 안전하다.

4 7~8세 사고 사례와 예방법

사례1 이면도로에서 뛰어 건너다 발생한 사고

사고현황

◎ 초등학교 앞 주택가 이면도로에서 가해차량이 시속 40km의 속도로 내리막길을 빠르게 달려오다 뛰어 건너는 7세 남아를 발견치 못하고 치어 사망케 하였다.

사고원인

◎ 주택가 골목길에서 비교적 빠른 속도로 달려오다 어린이가 갑자기 뛰어 들어오는 것을 발견치 못하고 그대로 운행한 것이 사고의 주 원인이다.

◎ 주택가 골목길에 과속 방지턱 등 교통안전 시설이 매우 미흡했다.

◎ 학교와 가정에서 어린이에 대한 교통안전 교육도 미흡했다.

사고 예방법

◎ 운전자는 골목길, 이면도로, 편도 1차로 도로 등을 주행할 때 '언제, 어디서든지 어린이가 뛰어 나올 수 있다'는 생각으로 서행운전, 방어운전을 해야 한다.

◎ 이면도로나 주택가 골목길에 과속 방지턱을 촘촘히 설치하여 차량속도를 20km 이하로 서행토록 해야 한다.

◎ 학교와 가정에서 안전한 도로횡단 방법 등 안전한 보행법에 대한 교통안전 교육을 강화해야 한다.

사례2 뛰어서 무단 횡단 하다가 사고 발생

사고현황

◎ 초등학교 바로 앞 왕복 2차로 도로에서 가해차량이 황색 점멸등이 있는 도로에서 길을 건너던 7세 남아를 발견치 못하고 치어 사망케 한 사고이다.

사고원인

◎ 황색 점멸등이 있는 횡단보도에서 '사람보다는 차가 먼저' 라는 생각으로 어린이가 있는 것도 발견치 못하고 빠른 속도로 주행한 운전자가 사고의 주범이다.

◎ 신호등 없는 횡단보도에서 「운전자와 눈 맞추기」를 한 후 차량 멈추는 것을 확인만 했더라면 이런 사고는 예방이 가능했는데 가정에서 이런 교육을 실시하지 못한 것도 사고의 간접 책임이다.

사고 예방법

◎ 운전자는 당연히 「차보다는 사람이 우선」이라는 생각으로 보행자 배려 운전을 해야 한다.

◎ 횡단보도에서 보행자 보호의무 위반 차량에 대한 강역한 단속을 실시해야한다.

◎ 학교와 가정에서 어린이들에게 안전한 보행을 위한 3가지 습관, 즉 차도에서 우선 멈추는 습관, 차량 멈춤을 확인하는 운전자와 눈 맞추는 습관, 차를 계속 보면서 건너는 습관만 길러주면 보행 중 사고는 모두 예방할 수 있다.

사례3 자전거 타고 길을 건너다 치여

사고현황

◎ 왕복 4차로 도로의 신호등 없는 3거리 교차로에서 가해차량이 1차로로 운행 중 진행방향 좌측에서 우측으로 진입하는 자전거를 치어 7세 남아가 사망하였다.

사고원인

◎ 신호등 없는 삼거리에서 운전자가 보행자, 자전거 보다는 '당연히 차가 먼저' 라는 이기적인 생각으로 빠르게 진입하다 자전거를 타고 오던 7세 남아를 발견치 못한 것이 사고의 주 원인이다.

◎ 7세 남아가 자전거를 타기에는 너무 어리고, 우리의 도로환경이 너무나 위험하다.

사고 예방법

◎ 운전자는 자동차보다는 보행자, 자전거를 우선하겠다는 생각으로 양보운전을 해야 한다.

◎ 차도에서 자전거 타는 행위의 위험성에 대하여 교육을 실시한다.

◎ 자전거는 최소한 5학년 정도는 되어야 안전하게 탈 수 있으므로 어린 연령에 자전거를 사줄 경우 헬멧, 무릎 보호대 등 보호장구를 같이 구입해주고, 안전하게 타는 방법을 충분히 알려준 다음 안전한 장소에서 타도록 해야 한다.

사례4 뛰어서 무단 횡단 하다가 차에 치여

사고현황

◎ 초등학교 바로 앞 왕복 2차로 도로에서 어린이들을 모두 하차시킨 후 관광버스가 시속 30km로 운행 중 뛰어 무단 횡단하는 남아를 발견치 못하고 치어 사망케 하였다.

사고원인

◎ 관광버스 운전자가 왕복 2차로 도로에서 전방주시 태만으로 무단횡단하는 어린이를 발견치 못한 것이 사고의 주 원인이다.

◎ 어린이 역시 횡단보도를 건너지 않고 뛰어서 무단횡단한 점도 30% 정도 책임이 있다.

◎ 가정과 학교에서 무단횡단의 위험성 등 안전한 도로횡단 방법에 대한 교육이 미흡했다.

사고 예방법

◎ 스쿨존은 물론 이면도로, 왕복 2차로 도로 등 넓지 않은 도로를 운행하는 모든 운전자는 언제든지 어린이가 뛰어 나올 수 있다는 생각으로 서행, 방어운전을 해야 한다.

◎ 어린이는 무단횡단의 위험성을 인식하고 반드시 횡단보도를 이용해야 한다.

◎ 가정과 학교에서 도로에서 뛰는 행위의 위험성, 횡단보도의 오른쪽 통행의 안전성, 운전자와 눈 맞추고 차량이 멈추는 것을 확인하는 습관 등을 철저히 교육해야 한다.

사례5 신호등 없는 횡단보도서 뛰어 건너다 치여

사고현황

◎ 초등학교 주변 왕복 4차로 도로에서 소형트럭을 운행하는 가해 차량이 편도 1차로를 운행하다 신호등 없는 횡단보도에서 뛰어 건너는 7세 남아를 발견치 못하고 치어 사망케 하였다.

사고원인

◎ 신호등 없는 횡단보도에서 운전자가 '보행자를 배려하겠다' 는 생각보다는 '차량이 먼저 가겠다' 는 생각으로 비교적 과속으로 달렸고, 마침 길을 건너는 어린이를 발견치 못한 것이 사고의 주 원인이다.

◎ 어린이 역시 운전자에게 손을 든 다음 '내가 먼저 가겠다' 는 의사표시를 분명히 한 다음, 차량이 멈추는 것을 확인하고 건너야 했는데 그러지 못했다.

◎ 예방적 측면에서 안전한 도로횡단 방법에 대한 교육도 미흡했다.

사고 예방법

◎ 신호등 없는 횡단보도에서 운전자는 당연히 보행자가 우선이므로 모든 운전자는 일단 정지한 후 어린이 등 보행자가 있는지 확인하는 습관을 길러야 한다.

◎ 신호등 없는 횡단보도 사고의 대부분은 운전자와 보행자가 서로 먼저 가려다 사고가 발생하므로 보행자는 반드시 손을 들어 '먼저 가겠다' 는 의사표시를 분명히 전달한 후 차량멈춤을 확인한 후 차를 보면서 천천히 건너야 한다.

◎ 학교와 가정에서 안전한 보행법에 대한 교육을 보다 강화해야 한다.

사례6 버스에서 내리다 치마 끈이 문에 끼여 사고 발생

사고현황

◎ 왕복 2차로 도로에서 승합차량이 8세 여아를 내려 준 후 출발했는데, 피해자의 치마 끈이 뒷문에 끼여 20m나 끌려가다 사망했다.

사고원인

◎ 하차시켜준 어린이의 치마 끈이 닫히는 차 문에 끼여 어린이가 끌려가고 있음에도 이를 모른 채 운행한 운전자의 과실이 사고의 주범이다.

◎ 인솔교사만 있었더라면, 사고 예방적 측면에서 길게 늘어진 치마 끈만 닫히는문에 끼이지 않았으면 이런 사고는 예방할 수 있었다. 따라서 부모님께서 승합 버스를 이용하는 옷차림에도 세심한 배려가 부족했다.

사고 예방법

◎ 운전자는 반드시 내려서 어린이가 안전하게 하차했는지 눈으로 직접 확인해야 한다.

◎ 어린이 승합버스에는 반드시 인솔교사를 배치하여 안전한 승하차와 도로횡단시 도움을 주어야 한다.

◎ 가정과 학교에서 안전한 승하차 방법에 대한 교육과 길게 늘어진 치마, 끈 달린 옷의 위험성과 단정한 바지 차림의 옷을 입도록 교육을 실시하여야 한다.

사례7 어린이 보호 장구를 착용하지 않아 튕겨나가 사고 발생

사고현황

◎ 어린이 보호장구를 착용치 않은 상태에서 뒷좌석에 앉아있던 8세 남아가 뒷차의 추돌사고로 앞으로 튕겨나가 사망했다.

사고원인

◎ 고속도로 상에서 뒷 차의 안전거리 미확보와 과속운전 등 운전자의 부주의 운전이 사고의 직접 원인이다.

◎ 어린이가 어린이 보호장구나 안전벨트를 매지 않은 것이 사망 사고의 원인이다.

◎ 부모님이 어린이 보호장구의 중요성을 인식하지 못해 보호장구를 하지 않았고, 경찰의 보호장구 미착용 단속도 하지 않은것도 사고의 간접 원인이다.

사고 예방법

◎ 고속도로 상에서는 모든 자동차가 안전벨트를 매야한다. 특히 어린이의 경우 체격에 맞는 보호장구를 운전석 뒷자석에 반드시 장착해 주어야 한다

◎ 경찰 역시 고속도로 상에서 보호장구 미착용 차량에 대한 강력한 단속을 실시하여야 한다.

사례8 브레이크를 밟으려다 엑셀을 밟아 사고 발생

사고현황

◎ 주택가 이면도로에서 비교적 빠르게 달려오던 가해차량이 전방에서 등교 중인 8세 남아를 발견하고 멈추려 브레이크를 밟으려다 잘못하여 엑셀을 밟아 피해자를 사망케 하였다.

사고원인

◎ 주택가 이면도로에서 과속으로 달렸고, 등교 중인 어린이를 발견하지 못한 운전자의 부주의 운전이 사고의 주범이다.

◎ 이면도로 상에 과속방지턱 등 안전시설이 부족했다.

◎ 어린이 역시 「이면도로의 안전한 보행법」에 대한 학교와 가정에서의 교육도 미흡했다.

사고 예방법

◎ 이면도로 상에서 운전자는 반드시 20km 이하로 서행, 방어운전을 해야 한다.

◎ 어린이는 이면도로에서 차가 오면 우선 멈춘 후, 몸을 벽 쪽으로 붙이는 등 이면도로 상의 안전한 보행법을 습관화 해야 한다.

◎ 학교와 가정에서 실제 빈번히 발생하는 보행 중 사례와 예방법에 대한 교육을 철저히 실시해야 한다.

사례9 덤프트럭이 이면도로를 건너는 어린이를 치어

사고현황

◎ 초등학교 인근 통학로 이면도로에서 덤프트럭이 하교하던 8세 남아를 발견치 못하고 차량의 우측 앞바퀴로 1차 친 후 다시 뒷바퀴로 2차로 치어 피해자를 사망케 하였다.

사고원인

◎ 초등학교 통학로의 이면도로에서 하교시간에 비교적 과속으로 달리던 트럭 운전자가 하교하던 어린이를 발견치 못한 것이 사고의 주원인이다.

◎ 어린이 역시 이면도로상 안전한 보행법을 잘 알지 못했고 가정과 학교에서의 교육도 미흡했다.

사고 예방법

◎ 통학로에서 어린이 등하교 시간만이라도 대형 덤프트럭의 진출입 제한이 요구된다.

◎ 스쿨존에서의 과속, 난폭차량, 법규 위반 차량들에 대한 경찰의 단속을 대폭 강화해야한다. 특히 스쿨존에서 교통사고 예방에 크게 기여한 시민운동형 카파라치를 전면 실시를 검토해야 한다

◎ 학교와 가정에서 교통안전 교육을 강화하여 어린이들에게 이런 위험한 상황에서 안전하게 보행할 수 있는 방법을 충분히 숙지, 생활화 할 수 있도록 해 주어야 한다.

사례10 신호등이 있는 횡단 보도를 건너다 치여

사고현황

◎ 초등학교 부근 왕복 2차로 신호등이 있는 횡단보도 앞에서 보행자 녹색불을 무시하고 과속으로 달리던 8세 남아가 횡단보도를 건너다 신호위반 차량에 치여 사망하였다.

사고원인

◎ 스쿨존임에도 불구하고 보행자 녹색 신호를 무시하고 과속으로 달려온 운전자의 100% 책임이다.

◎ 예방적 측면에서 어린이가 「횡단보도의 안전한 보행법」을 숙지하지 못했고 평상시 안전교육을 제대로 실시하지 못한 학교와 부모님도 간접 책임이 있다.

사고 예방법

◎ 스쿨존을 운행하는 모든 운전자는 반드시 「서행운전」, 「방어운전」을 해야 한다.

◎ 어린이는 횡단보도의 오른쪽에 선 후, 녹색불이 들어와도 그냥 지나치는 차가 있으므로 반드시 손을 들고, 차량 멈춤을 꼭 확인한 후 길을 건너야 한다.

◎ 학교와 가정에서 상기 교육을 철저히 실시하여 어린이들이 더 이상 보행 중, 길을 건너다 사고를 당하지 않도록 해주어야 한다.

5

9~10세 사고 사례와 예방법

사례1 후진하는 공사차량에 치여

사고현황

◎ 초등학교 인근 횡단보도가 없는 3거리 교차로에서 덤프트럭이 후진하다 등교하던 9세 남아를 발견치 못하고 치어 사망케 하였다.

사고원인

◎ 초등학교 통학로에서 어린이 등교시간에 덤프트럭이 후진하면서 등교하던 어린이를 발견치 못한 운전자의 부주의 운전이 사고의 주원인이다.

◎ 어린이 역시 「멈추어 있는 차는 항상 뒤로 움직인다」는 사실과 대형트럭의 경우 운전자의 사각지대가 넓어 「차량 주변에 있으면 사고 위험이 매우 높다」는 사실을 제대로 인식하지 못했다.

◎ 학교와 가정에서도 안전한 보행법에 대한 교통안전 교육이 미흡했다.

사고 예방법

◎ 덤프트럭 운전자는 운전석에 앉아서 보이지 않는 사각지대가 매우 넓다는 점을 인식하고 후진 또는 전진시 직접 차에서 내려 앞, 뒤, 좌, 우를 직접 확인해야 한다.

◎ 어린이도 이런 위험성을 인식한 후 대형트럭 주변에는 아예 접근하지 말아야 하고 부득이 통행시 충분한 거리를 두고 보행해야 한다.

◎ 학교와 가정에서도 트럭 주변 보행의 위험성과 안전한 보행법에 대한 충분한 교육을 실시해야 한다.

사례2 주 · 정차된 차량 사이에서 뛰어 나오다 치여

사고현황

◎ 초등학교 후문 바로 앞 12m 도로에서 덤프트럭이 우회전을 하다 후문 앞 불법 주 · 정차된 학원 차량 사이로 나오던 9세 여아를 발견치 못하고 치어 사망케 하였다.

사고원인

◎ 어린이 통행이 빈번한 초등학교 후문임에도 불구하고 덤프트럭이 부주의 운전을 하여 9세 여아가 보행하는 것을 발견치 못한 운전자가 사고의 주범이다.

◎ 학교 주변의 불법 주 · 정차가 금지되어 있음에도 후문 바로 앞까지 불법 주 · 정차가 되어 있어 어린이가 그 사이에서 나오는 것을 발견치 못했다.

◎ 어린이 역시 차량 앞 뒤 횡단의 위험성에 대해 인식치 못했고, 안전한 보행법을 알지 못해 위험하게 행동한 점도 예방적 측면에서 사고의 간접 책임이다.

사고 예방법

◎ 초등학교 통학로 상 불법 주 · 정차 차량에 대한 강력한 단속을 실시하여 학교 주변 어린이 교통사고를 유발하는 행동을 하지 못하도록 해야 한다.

◎ 통학로를 운행하는 모든 차량은 언제, 어디서든지 어린이가 뛰어 나올 수 있으므로 항상 서행, 방어운전을 해야 한다.

◎ 차량 앞뒤 또는 사이를 뛰어 횡단하는 것은 천천히 보행하는 것보다 사고 위험이 18배나 높다. 이런 위험성을 가정과 학교에서 철저히 교육을 실시하여 어린이들을 이런 위험에서 보호해 주어야 한다.

사례3 신호위반 차량에 치이는 사고

사고현황

◎ 초등학교 인근 왕복 4차로 신호등이 있는 횡단보도에서 신호 위반을 한 가해차량이 보행자 녹색불에 횡단보도를 건너던 9세 남아를 치어 사망케 하였다.

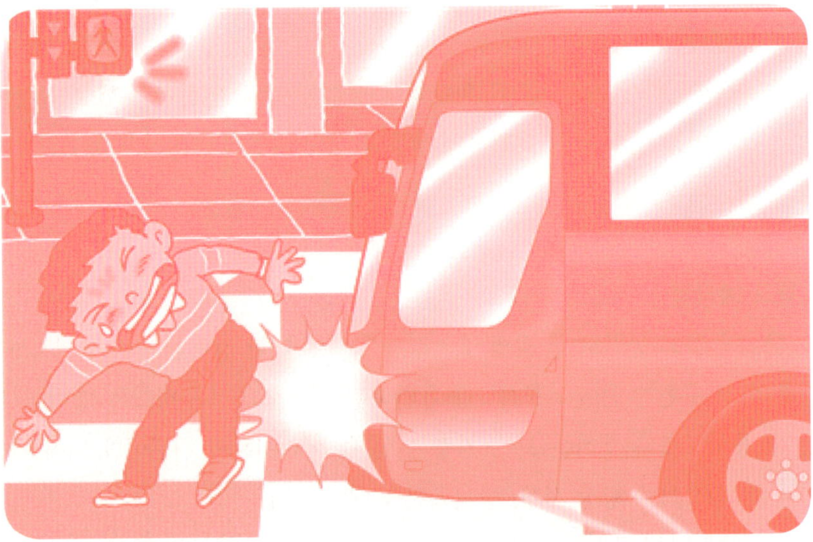

사고원인

◎ 초등학교 통학로의 상 신호등 있는 횡단보도에서 보행자 신호를 무시하고 과속 주행한 운전자의 100% 과실이다.

◎ 예방적 측면에서 어린이도 이런 난폭운전, 신호 위반차량이 있을 수 있으므로 녹색불이 들어와도 꼭 차량 멈춤을 확인했어야 했다.

◎ 학교와 가정에서 상기 내용에 대한 교육도 부족했다.

사고 예방법

◎ 운전자는 스쿨존에서 '조금 빨리 가고자 하는 조급한 마음에서 오는 신호위반이 결국 어린 생명을 빼앗아 간다'는 점을 심각하게 인식하고 항상 방어운전을 해야 한다.

◎ 어린이는 항상 길을 건널 때 운전자와 눈을 마주친 후 「차량 멈춤」을 확인한 후 건너야 하며 가정과 학교에서도 상기 교육을 대폭 강화해야 한다.

사례4 태권도복 끈이 닫히는 차문에 끼여 발생한 사고

사고현황

◎ 왕복 4차로 도로에서 태권도 학원 관장이 직접 운행하는 승합차량이 9세 남아를 내려준 후 주행하다가 태권도복 끈이 닫히는 문에 끼여 80m를 끌려가다가 사망한 사고이다.

사고원인

◎ 승합버스 운전자가 하차하던 어린이의 태권도복 끈이 문에 끼여 끌려가고 있음에도 이를 발견치 못하고 계속 운행한 운전자의 과실이 100% 책임이다.

◎ 예방적 측면에서 태권도복 끈만 짧게 묶은 후 바지 속에 넣었으면 이런 사고는 당하지 않았으며 버스 내 인솔교사도 없었다.

◎ 어린이가 학교와 가정에서 승합버스 이용시 끈 달린 옷의 위험성에 대해 제대로 인식하지 못했다.

사고 예방법

◎ 어린이 승합버스 운전자는 인솔교사가 없는 경우 어린이 하차 시 함께 내려서 안전한 하차 여부를 눈으로 직접 확인해야 한다.

◎ 어린이 통학버스 관련 사고 유형과 예방법을 습득한 후 이런 유형의 사고를 내지 않도록 하고 어린이들에게 이런 사고를 당하지 않도록 교육도 실시해야 한다.

◎ 학교와 가정에서도 상기 교육을 철저히 하여 이런 사고위험에서 어린이들을 보호해 주어야 한다.

사례5 이면도로에서 과속차량이 어린이를 치어

사고현황

◎ 왕복 2차로 도로에서 시속 60km로 과속 운행중이던 가해차량이 도로 우측 갓길에서 보행하던 9세 여아를 발견치 못하고 치어 사망케 하였다.

사고원인

◎ 왕복 2차로의 좁은 도로임에도 불구하고 과속을 했고 보행하고 있던 어린이를 발견하지 못한 운전자의 부주의 운전이 사고의 주 원인이다.

◎ 예방적 측면에서 가정과 학교에서 안전한 보행법에 대한 교육이 미흡했다.

◎ 보도와 차도 구분이 되어있지 않았다.

사고 예방법

◎ 이면도로, 왕복 2차로 도로에서 차량과 보행자의 동선이 명확하게 구분될 수 있도록 안전한 인도가 확보되어야 한다.

◎ 운전자는 어린이가 언제든지 뛰어나올 수 있다는 생각으로 서행운전, 방어운전을 해야 한다.

◎ 보차도가 혼용되어 있는 도로를 보행할 경우 차량을 등지고 통행하는 것보다는 마주 보고 통행하는 것이 훨씬 안전하다. 실제 사고사례 분석결과 등지고 통행하는 것이 마주보고 통행보다 사고위험이 4배나 높은 것으로 나타났다.

◎ 학교와 가정에서 이면도로의 안전한 보행법에 대하여 교육을 실시, 위험한 상황에서 안전하게 행동할 수 있는 능력을 길러주어야 한다.

사례6 뛰어서 무단횡단하다가 치여

사고현황

◎ 왕복 10차로의 대로에서 과속으로 달리던 가해차량이 뛰어서 무단횡단하던 10세 남아를 발견치 못하고 치어 사망케 하였다.

사고원인

◎ 왕복 10차로의 넓은 도로에서 과속으로 달려오던 운전자가 무단횡단하는 어린이를 발견치 못한 것이 사고의 주 원인이다.

◎ 어린이 역시 위험한 대로를 횡단보도로 건너지 않고 무단횡단을 했다는 점에서 30%의 책임이 있다.

◎ 가정과 학교에서 무단횡단의 위험성 등에 대한 안전교육이 부족했고 대로상 가드레일 등 무단횡단 방지 시설도 없었다.

사고 예방법

◎ 대로는 차량이 대부분 과속으로 주행하므로 이런 상황에서 무단횡단할 경우 매우 위험하다. 평상시 안전교육을 통해 무단횡단의 위험성과 운전자와 눈 맞추기 등 안전한 보행법을 알려줘 습관화 하도록 해야 한다.

◎ 왕복 10차로와 같은 대로의 중앙에는 무단횡단 방지 시설을 설치해야 한다.

◎ 운전자는 대로 상에서도 이런 무단횡단 사고가 발생할 수 있으므로 항상 전방주시 의무와 방어운전을 실시해야 한다.

사례7 버스 뒤편으로 뛰어 건너다 치여

사고현황

◎ 7m미만 왕복 2차로 도로에서 과속 운전자가 버스에서 내려 버스 뒤편으로 도로를 건너던 10세 여아를 발견치 못하고 치어 사망케 하였다.

사고원인

◎ 7m 미만의 2차로 도로에서 과속으로 달려오던 운전자가 버스에서 내린 10세 여아가 버스 뒤쪽으로 도로를 건너는 것을 발견치 못한 것이 사고의 주 원인이다.

◎ 예방적 측면에서 어린이가 버스 앞, 뒤로 횡단할 경우 운전자는 그 버스에 가려 어린이가 나오는 것을 발견할 수가 없어서 매우 위험하다. 실제로 천천히 걷는 경우보다 뛰어나오면 사고 위험은 18배나 높아진다.

◎ 차량 앞, 뒤, 사이에서 뛰어서 횡단하는 위험성에 대한 교육이 가정과 학교에서 미흡했다.

사고 예방법

◎ 항상 도로를 건널 때는 운전자와 눈을 마주친 다음 그 차가 멈추는 것을 확인한 후 건너야 한다. 그러나 차량 앞, 뒤, 차량사이 횡단은 운전자와 눈 맞추기를 할 수 없기 때문에 그만큼 위험하다.

◎ 운전자 역시 차량 앞, 뒤로 어린이가 뛰어 나올 수 있음을 인지하고 이를 대비한 서행운전, 방어운전을 해야 한다.

◎ 가정과 학교에서 차량 주변의 위험성과 사고 예방법에 대한 교육을 보다 강화해야 한다.

사례8 신호등이 있는 횡단보도에서 차도로 뛰어가다 치여

사고현황

◎ 왕복 6차로 신호등이 있는 사거리 교차로에서 우회전을 하던 가해차량이 횡단보도를 건너던 10세 남아가 반쯤 건넌 후 횡단보도를 벗어나 차도 쪽으로 뛰어가다 가해차량에 치여 사망하였다.

사고원인

◎ 보행자 녹색불에 횡단보도를 건너던 10세 남아가 반쯤지나 갑자기 차도 쪽으로 뛰어 가는 것을 운전자가 발견하지 못한 것이 사고의 주 원인이다.

◎ 어린이가 횡단보도에서 벗어나 차량 멈춤을 확인하지 않은 채 차도로 뛰어 사고를 초래했다.

◎ 학교와 가정에서 횡단보도의 안전한 보행법에 대한 교육이 미흡했다.

사고 예방법

◎ 횡단보도에서 우측 통행의 안전성, 차량 멈춤을 확인하고 운전자와 눈 맞추기 등 도로를 안전하게 횡단하는 방법에 대한 교육을 보다 강화해야 한다.

◎ 운전자 역시 횡단보도 주변에서 어린이가 갑자기 차도로 뛰어들 수 있음을 인식하고 서행운전, 방어운전을 해야 한다.

◎ 어린이 역시 안전한 보행을 위한 3가지 습관, 즉 우선 멈추는 습관, 운전자와 눈 맞추는 습관, 차를 계속 보면서 건너는 습관을 생활화 하는 노력을 해야 한다.

사례9 신호등 없는 횡단보도서 뛰어 건너다 치여

사고현황

◎ 왕복 2차로 신호등 없는 횡단보도에서 가해차량이 뛰어 건너는 10세 남아를 발견치 못하고 빠르게 운행하다가 치어 사망케 하였다.

사고원인

◎ 신호등 없는 횡단보도에서 보행자를 배려하는 방어운전, 서행운전을 하지 않고 '당연히 차가 먼저' 라는 이기적 생각으로 과속운전자의 100% 과실이다.

◎ 예방적 측면에서 어린이는 운전자에게 손을 들은 후 그 차량이 멈추는 것을 확인하지 않았다.

◎ 학교와 가정에서 신호등 없는 횡단보도에서의 안전한 보행법에 대한 교육이 미흡했다.

사고 예방법

◎ 신호등 없는 횡단보도에서는 운전자, 보행자 모두 먼저 가려다 사고가 발생하므로 반드시 보행자는 운전자에게 손을 들어 '자신이 먼저 가겠다' 는 표시를 하고 운전자는 손으로 먼저 가도록 의사표시를 해주는 것을 「보행자와 운전자간 약속」으로 정해야 한다.

◎ 가정과 학교에서 신호등 없는 횡단보도에서의 안전한 보행법에 대한 교육을 강화해야 한다.

사례10 불법 주 · 정차 차량 사이로 뛰어 건너다 치여

사고현황

◎ 7m미만 이면도로에서 과속으로 달려오던 가해차량이 불법 주 · 정차 되어 있는 차량사이로 뛰어 나오는 10세 남아를 발견하지 못하고 치어 사망케 하였다.

사고원인

◎ 좁은 이면도로에서 과속으로 달렸고, 차량사이에서 뛰어 나오는 어린이를 발견치 못한 운전자가 사고의 주범이다.

◎ 어린이 역시 불법 주·정차 차량사이 뛰어 횡단의 위험성에 대하여 잘 알지 못한 점도 간접 책임이 있다.

◎ 불법 주·정차 차량에 대한 단속이 제대로 안됐으며 이런 위험성에 대한 학교와 가정에서의 교육도 미흡했다.

사고 예방법

◎ 스쿨존이나 이면도로에서 불법 주·정차 차량에 대한 강력한 단속을 실시하여 어린이 교통사고를 부추기는 행위를 하지 않도록 해야 한다.

◎ 운전자 역시 차량사이에서 언제, 어디서든지 어린이가 뛰어 나올수 있다는 생각으로 서행운전, 방어운전을 해야 한다.

◎ 가정과 학교에서 차량사이, 앞, 뒤 횡단의 위험성과 안전한 도로횡단 방법에 대한 안전교육을 철저히 실시하여야 한다.

6

11~12세 사고 사례와 예방법

사례1 신호등 없는 횡단보도에서 음주차량에 치여

사고현황

◎ 왕복 4차로 신호등이 없는 횡단보도에서 0.06%의 음주운전 차량이 횡단보도 앞에서 인라인 스케이트를 타고 빠르게 달려 나오던 11세 남아를 발견치 못하고 치이 사망케 하였다.

사고원인

◎ 신호등 없는 횡단보도에서 과속과 음주를 한 운전자가 불법 주·정차된 차량 앞으로 인라인 스케이트를 타고 나오던 11세 남아를 발견치 못한 것이 사고의 주 원인이다.

◎ 어린이가 인라인 스케이트의 위험성, 특히 차량 앞으로 갈 경우 그 차에 가려 운전자가 볼 수 없음을 제대로 인식하지 못했다.

◎ 횡단보도 바로 앞에 불법 주·정차하는 행위는 사고를 유발하는 범죄 행위이다.

◎ 인라인 스케이트의 위험성에 대한 학교와 가정에서의 교육이 미흡했다.

사고 예방법

◎ 횡단보도 바로 앞과 버스 정류장 앞 불법주·정차 행위는 사고를 유발하므로 강력한 단속을 실시하여 사고 유발 행위를 하지 못하도록 해야 한다.

◎ 신호등 없는 횡단보도에서 모든 운전자는 일단 정지한 다음 서행운전, 방어운전을 해야 한다.

◎ 인라인 스케이트가 뛰는 것보다 훨씬 빠르기 때문에 더 위험하다는 점, 주차된 차량앞으로 가는 위험성 등에 대하여 가정과 학교에서의 교육이 대폭 강화되어야 한다.

사례2 보행자 녹색불에 뛰어 건너다 치여

사고현황

◎ 왕복 6차로 신호등이 있는 횡단보도에서 신호위반을 하여 과속으로 달려오던 가해차량이 보행자 녹색불에 뛰어 건너던 11세 남아를 발견치 못하고 치어 사망케 하였다.

사고원인

◎ 신호위반에 과속운전을 한 운전자의 100% 과실이다.

◎ 어린이의 잘못은 없지만 예방적 측면에서 이런 과속, 난폭 운전자에 의해 사고를 당할 수도 있으므로 항상 차량 멈춤을 확인하고 천천히 차를 보면서 건넜어야 했다.

◎ 가정과 학교에서 상기 내용에 대한 교통안전 교육도 미흡했다.

◎ 과속, 난폭 운전자들에 대한 단속이 미흡했다.

사고 예방법

◎ 실제 도로상에 신호위반, 과속, 난폭운전 차량과 항상 만날 수 있으므로 항상 운전자와 눈 맞추기 한 후 차량 멈춤을 확인한 다음 건너야 한다.

◎ 뛰어 건널 경우 운전자가 시간적으로 대처할 여유가 없어 천천히 걷는 경우보다 사고 위험이 7배나 높으므로 항상 차를 보면서 천천히 건너야 한다.

◎ 횡단보도의 안전한 보행법에 대한 대한 가정과 학교에서의 안전교육을 강화하여야 한다.

사례3 뛰어서 무단횡단 하다가 치여

사고현황

◎ 왕복 2차로 도로에서 과속으로 달려오던 가해 차량이 뛰어 무단 횡단하는 11세 남아를 발견치 못해 사망케 하였다.

사고원인

◎ 왕복 2차로 도로에서 운전자가 과속으로 달렸고, 전방 주시 태만으로 무단횡단하는 어린이를 발견치 못한 것이 사고의 주 원인이다.

◎ 어린이가 무단횡단을 했고, 차량이 멈춤을 확인하지 않고 뛰어 횡단한 것이 사고의 간접 원인이다.

◎ 학교와 가정에서의 안전한 도로횡단 방법에 대한 교육이 부족했다.

사고 예방법

◎ 운전자는 이면도로나 왕복 2차로 도로 등 넓지 않은 도로 주행시 항상 어린이가 뛰어들 것에 대비한 서행운전, 방어운전을 해야 한다.

◎ 어린이는 항상 길을 건널 때 운전자에게 손을 든 다음, 차량 멈춤을 꼭 확인하고 건너야 한다.

◎ 학교와 가정에서 갑자기 뛰어들기의 위험성에 대한 교통안전 교육을 대폭 강화해야 한다.

사례4 이면도로를 뛰어 건너다 치여

사고현황

◎ 6m 이면도로에서 과속으로 달려오던 가해차량이 골목에서 빠르게 뛰어 나오던 11세 남아를 발견치 못해 치여 사망케 하였다.

사고원인

◎ 운전자가 이면도로상에서 과속을 했고 뛰어오는 어린이를 발견치 못한 것이 사고의 주 원인이다.

◎ 어린이 역시 차량 멈춤을 확인하지 않고 급하게 뛰어갔으며 이런 위험성에 대한 학교와 가정에서의 교육도 미흡했다.

사고 예방법

◎ 차도로 나갈 때, 도로를 건널 때 운전자와 눈 맞추는 습관, 즉 차량이 멈추는 것을 확인하는 습관만 길러주면 보행 중 사고는 대부분 예방이 가능하다.

◎ 운전자 역시 이면도로 상에서 20㎞ 이하로 서행운전, 방어운전을 해야한다.

◎ 가정과 학교에서 어린이 교통사고 사망자 중 60% 이상을 차지하는 보행중 사고를 예방하기 위하여 「안전한 보행법」에 대한 철저한 교육이 요구된다.

사례5 횡단보도를 뛰어 버스 앞으로 건너다 치여

사고현황

◎ 왕복 4차로 신호등이 있는 횡단보도 바로 앞 버스 정류장에서 버스에서 내린 11세 남아가 횡단보도를 버스 앞으로 뛰어 건너다 2차로에서 달려오던 과속차량에 치여 사망하였다.

사고원인

◎ 신호등 없는 횡단보도에서 과속으로 달려오던 운전자가 어린이를 발견치 못한 것이 사고의 주 원인이다.

◎ 횡단보도 바로 앞까지 설치된 버스 정류장 역시 사고를 초래한 원인이다. 이는 버스에서 내린 어린이가 횡단보도 횡단시 내려준 버스에 가려 뒤에서 오는 차에 치일 위험이 매우 높기 때문이다.

◎ 어린이 역시 버스 앞 뒤 횡단의 위험성을 인지하지 못했다.

사고 예방법

◎ 운전자는 신호등 없는 횡단보도에서는 항상 '보행자를 배려한다' 는 생각으로 서행, 방어 운전을 해야 한다.

◎ 횡단보도 앞 주 · 정차 행위, 버스 정류장을 횡단보도 주변에 설치하는 것은 사고를 유발할 수 있으므로 경찰의 충분한 홍보와 단속을 실시하여 사고 위험요인을 배제시켜야 한다.

◎ 가정과 학교에서 「안전한 도로횡단 방법」에 대한 교육을 철저히 실시해야 한다.

사례6 신호등 없는 횡단보도를 뛰어 건너다 치여

사고현황

◎ 왕복 6차로 신호등이 없는 횡단보도에서 시속 60km구간을 시속 110km로 과속 질주하던 가해차량이 뛰어 건너는 12세 남아를 발견치 못하고 치어 사망케 하였다.

사고원인

◎ 시속 60㎞ 구간에서 110㎞로 과속운전하며 횡단보도를 건너던 어린이를 발견하지 못한 난폭 운전자가 사고의 100% 주범이다.

◎ 예방적 측면에서 새벽 2시에 도로로 나갔고, 차량이 오는 것을 확인하지 못한 어린이도 사고의 간접 원인이다.

◎ 평상시 안전한 도로횡단 방법에 대한 교육도 미흡했다.

사고 예방법

◎ 운전자는 늦은 밤, 새벽시간 등 보행자의 통행이 적은 시간대라도 횡단보도에서는 항상 「방어운전」, 「서행운전」을 해야 한다.

◎ 어린이가 늦은 밤에 도로를 건너는 것은 매우 위험하므로 보호자가 적극 돌보아 주어야 한다.

◎ 횡단보도의 안전한 보행법에 대하여 학교와 가정에서의 교통안전 교육을 대폭 강화해야 한다.

사례7 과속차량이 무단횡단 어린이를 치어

사고현황

◎ 왕복 4차로 도로에서 70~80km로 달려오던 과속차량이 뛰어서 무단횡단 하는 12세 남아를 발견치 못하고 치어 사망케 하였다.

사고원인

◎ 과속으로 달려온 운전자가 전방주시 태만으로 무단횡단하는 어린이를 발견치 못한 것이 사고의 주 원인이다.

◎ 예방적 측면에서 어린이가 무단횡단을 했고, 안전한 도로횡단 방법을 습득치 못하고 위험하게 행동한 것도 간접 책임이 있다.

◎ 학교와 가정에서의 교통안전 교육이 미흡했다.

사고 예방법

◎ 운전자는 '어린이가 무단횡단을 할 수 있다' 는 생각으로 항상 서행운전, 방어운전을 해야 한다.

◎ 어린이는 무단횡단의 위험성을 인식하고 항상 횡단보도로 건너며 차량 멈춤을 꼭 확인하고 길을 건너야 한다.

◎ 학교와 가정에서의 「안전한 도로 횡단 방법」에 대한 교육을 대폭 강화해야 한다.

사례8 안전벨트를 매지 않아 튕겨나가

사고현황

◎ 고속도로 상에서 뒷좌석에 앉아 있던 12세 남아가 안전벨트를 매지 않고 있다가 앞차와 추돌사고가 발생했을 때 튕겨나가 사망한 사고이다.

사고원인

◎ 고속도로 상에서 뒷차량과 안전거리 미확보와 부주의 운전으로 추돌 사고를 일으킨 운전자가 사고의 주범이다.

◎ 고속도로 상에서는 뒷좌석에서도 안전띠를 매야 하는데 이를 지키지 않은 어린이도 간접 책임이 있다.

◎ 안전벨트 착용의 중요성에 대한 교육도 부족했다.

사고 예방법

◎ 고속도로 상에서 모든 탑승자는 안전띠를 꼭 매야 한다. 특히 뒷좌석 승차자도 뒤에서 차가 받는 추돌 사고로 튕겨 나갈 수 있으므로 반드시 안전띠를 매야 한다.

◎ 운전자 역시 고속도로는 빠르기 때문에 앞차와의 안전거리를 충분히 확보한 후 안전운전을 해야 한다.

◎ 가정과 학교에서 고속도로 상 안전띠 착용의 중요성 등에 대해 충분한 안전교육을 실시해야 한다.

사례9 보행자 녹색불에 뛰어 건너다 치여

사고현황

◎ 왕복 10차로 신호등이 있는 횡단보도 상에서 신호위반에 과속으로 달려오던 가해차량이 보행자 녹색불에 횡단보도를 건너던 12세 남아를 발견치 못하고 치어 사망케 하였다.

사고원인

◎ 보행자 녹색불을 무시하고 과속으로 달려오다 정상 신호에 횡단보도를 건너던 어린이를 발견치 못한 운전자가 사고의 주범이다.

◎ 예방적 측면에서 보행자 녹색불이 들어와도 그냥 지나치는 차가 있으므로 차량 멈춤을 확인하지 못한 것이 사고를 초래했다.

◎ 학교와 가정에서 「횡단보도의 안전한 보행법」에 대한 교육이 미흡했다.

사고 예방법

◎ 어린이가 손을 들어도, 보행자의 녹색불이 들어와도 그냥 지나치는 차가 있으므로 항상 차량 멈춤을 꼭 확인하고 길을 건너야 한다.

◎ 학교와 가정에서 안전한 보행법에 대한 교육을 강화해야 한다.

◎ 운전자는 항상 횡단보도에서 보행자가 있는지 좌,우 확인을 해야하며 서행운전, 방어운전을 해야 한다.

사례10 신호등 없는 횡단보도서 뛰어 건너다 치여

사고현황

◎ 11세 여아가 버스에서 내린 후 신호등 없는 횡단보도를 뛰어 건너다 버스 옆 차로에서 달려 오던 차량에 부딪혀 5개월 동안 치료를 요하는 중상을 당했다.

사고원인

◎ 횡단보도에서 일시정지 하지 않고 과속으로 달려온 운전자가 사고의 주범이다.

◎ 예방적 측면에서 어린이가 신호등 없는 횡단보도의 안전한 보행법에 대하여 알지 못했다.

◎ 버스 앞으로 뛰는 행위의 위험성을 인식하지 못했다.

사고 예방법

◎ 신호등 없는 횡단보도에서 운전자에게 손을 들어 차량 멈춤을 꼭 확인하고 건너는 습관을 기른다.

◎ 횡단보도는 우측 통행이 보다 안전하며 버스 앞, 뒤 횡단의 위험성을 알고, 차를 계속 보면서 천천히 건넌다

참고 2019년 OECD 회원국 교통사고 비교표

연번	국가	인구 (천명)	자동차등록 대수(천대)	사망자수 (명)	자동차 1만대당	순위	인구 10만명당	순위
1	아이슬란드	339	342	6	0.2	1	1.8	1
2	노르웨이	5,379	4,049	108	0.3	2	2.0	2
3	스위스	8,591	6,372	187	0.3	3	2.2	3
4	스웨덴	10,036	6,364	221	0.3	4	2.2	4
5	일본	126,860	91,458	3,920	0.4	5	3.1	7
6	핀란드	5,532	4,878	211	0.4	6	3.8	12
7	룩셈부르크	616	496	22	0.4	7	3.6	9
8	영국	67,530	39,365[a]	1,808	0.5	8	2.7	5
9	스페인	46,737	36,343	1,755	0.5	9	3.8	11
10	아일랜드	4,882	2,806	140	0.5	10	2.9	6
11	독일	83,517	57,305	3,046	0.5	11	3.6	10
12	네덜란드	17,097	11,553	3,173	0.6	12	5.2	22
13	이탈리아	60,550	54,975	661	0.6	13	3.9	13
14	에스토니아	1,326	865[c]	52	0.6	14	3.9	14
15	오스트리아	8,955	6,896	416	0.6	15	4.6	16
16	덴마크	5,772	3,290	199	0.6	16	3.4	8
17	호주	25,203	19,505	1,195	0.6	17	4.7	18
18	프랑스	65,130	48,520	3,244	0.7	18	5.0	21
19	슬로베니아	2,079	1,515	102	0.7	19	4.9	19
20	캐나다	37,411	25,423	1,762	0.7	20	4.7	17
21	그리스	10,473	9,822	696	0.7	21	6.6	29
22	뉴질랜드	4,783	4,403	618	0.8	22	5.8	24
23	체코	10,689	7,643	646	0.8	23	5.6	23
24	벨기에	11,539	7,614	352	0.9	24	7.4	32
25	폴란드	37,888	31,989	2,909	0.9	25	7.7	33
26	이스라엘	8,519	3,601	355	1.0	26	4.2	15
27	포르투갈	10,226	6,165[b]	621	1.0	27	6.1	25
28	슬로바키아	5,457	2,606[b]	270	1.0	28	4.9	20
29	리투아니아	2,760	1,719	184	1.1	29	6.7	30
30	미국	329,065	299,267	36,120	1.2	30	11.0	35
31	**대한민국**	51,709	27,504	**3,349**	**1.2**	**31**	**6.5**	**27**
32	헝가리	9,685	4,625	602	1.3	32	6.2	26
33	라트비아	1,907	804[c]	135	1.7	33	7.1	31
34	터키	83,430	21,090[b]	5,473	2.6	34	6.6	28
35	멕시코	127,576	50,594	14,673	3.2	35	11.5	36
36	칠레	18,952	5,600	1,973	3.5	36	10.4	34
OECD 평균					0.9		5.2	

주) a-2018년 b-2017년 c-2016년, 콜롬비아 제외(2020년 OECD 가입)
※ 자동차 1만대당 사망자수 : 36개국 중 31위, 인구 10만명당 사망자수 : 36개국 중 27위
※ 자료 : OECD 통계사이트(http://stats.oecd.org)(2019년도 자료가 없는 국가는 최근자료 반영)
OECD, Road Safety Annual Report 2021
WHO "Global status report on road safety 2018"(도로안전현황 보고서)
UN, World Population Prospects The 2019 Revision, 통계청 장래인구추계

4장. 선진국의 어린이 교통사고 예방법

스웨덴 · 영국 · 미국 · 일본 · 프랑스 · 호주 · 뉴질랜드
캐나다 · 스페인 · 스위스 · 이탈리아 · 싱가포르

스웨덴

"교통안전 교육이 최고의 보약"

세계에서 어린이 교통사고가 가장 적은 나라, 세계에서 어릴때부터 안전교육을 가장 잘 실시하는 나라를 꼽으라면 당연히 스웨덴이다.

스웨덴의 경우 2019년 교통사고로 어린이 5명이 사망했는데 이 수치가 너무 많다며 학부모들이 보다 확고한 안전대책을 강구하라고 데모를 하는 나라가 바로 스웨덴이다.

스웨덴은 지난 2019년의 경우 자동차 1만대 당 교통사고 사망자수가 0.3명으로 OECD국가평균 0.9명, 한국 1.2명에 비해 월등히 교통사고가 적은 최고의 교통안전 선진국이다.

스웨덴은 요람에서 무덤까지라는 말에서 알 수 있듯이 안전의 문제는 복지의 개념에서 출발한다.

우선 어린이가 3세가 되면 국가에서 각 가정으로 각종 그림 자료를 활용하여 교육할 수 있는 어린이 교통안전 교육교재가 우송되어 가정에서 안전교육을 적극 실시하도록 권장한다.

그런 후 각 지역별로 설치된 Safe Kids Club에 부모님이 자녀와 함께 가입하여 연령별로 자녀에게 발생할 수 있는 각종 안전사고 사례 중심의 안전교육을 철저히, 꾸준하게 받는다.

이런 지속적인 안전교육을 통해 부모님에게는 내 자녀의 교통사고 예방을 위한 교통안전교육의 중요성과 구체적 교육방법을 제공하고, 어린이들에게는 각종 교통사고 유형으로부터 스스로 자신을 지킬 수 있는 능력을 길러주고 있다.

세계에서 안전교육의 가장 좋은 모델을 제공하고 있는 스웨덴의 3대 교육방침은 다음과 같다.

첫째, 부모님 위주의 어린이 조기교육이다.

어린이 교통안전 교육은 반드시 부모님에게 먼저 실시한 후 부모님이 자녀가 어릴 때부터 꾸준히 안전교육을 실시하고 있다.

둘째, 사고사례중심의 실습교육이다.

안전교육의 근본 목적은 교통사고 예방에 있으므로 어린이들에게 빈번히 발생하는 교통사고 유형과 예방법을 중심으로 안전 교육을 실시하고 이론 교육보다는 실제 도로 현장에서 실시하는 실습 중심으로 안전교육을 실시하고 있다.

셋째, 사회적 공동체의식을 중시하는 교육이다.

이는 모든 어린이가 다 내 자녀라는 생각을 갖고 어른들이 실제 도로 현장에서 어린이들을 적극 돌봐주어야 한다는 것이다.

즉, 어린이가 위험한 상황에 있을 때 모두 다 내 자녀라는 생각을 갖고 적극 돌봐줄 때 부득이 내 자녀가 어느 위험한 상황에 처했다 할지라도 그 누군가의 도움을 기대할 수 있는 것이다.

스웨덴의 모든 부모는 '내 자녀의 안전은 국가가, 사회가, 학교가 지켜주는 것이 아니라 부모인 내가 지켜야 한다.'라는 생각을 확고하게 갖고, 상기 교육방침에 의거하여 자녀들에게 어릴 때부터 교통안전교육을 철저히 실시하고 있다. 이런 부모님의 의식 때문에 스웨덴의 어린이들이 교통사고의 위험으로부터 벗어나 안전하게 잘 자라고 있다.

그런데 우리의 상황은 어떠한가!

몇해 전 광명의 한 초등학교 앞에서 너무나 안타까운 사고가 발생했다.

하교하던 1학년 어린이 2명이 신발주머니를 갖고 장난을 치다 한 아이가 던진 신발주머니가 불법 주 · 정차해놓은 승합차 밑으로 들어갔다.

한 어린이는 신발주머니를 꺼내기 위해 승합차 밑으로 들어갔고, 다른 어린이는 차 뒤에서 물건 꺼내는 것을 지켜보고 있었다.

그 순간 불법 주 · 정차한 승합차가 급후진 하면서 그만 2명의 어린이가 사망하고 말았다.

만일 이런 상황이 스웨덴에서 발생했다면 어떻게 되었을까?

스웨덴의 어린이는 운전자에게 가서 "아저씨, 차 밑에 제 물건이 들어갔어요. 꺼내주세요." 하며 부탁을 했을 것이다.

이렇게 직접 본인이 꺼내지 않고 어른에게 부탁하는 이유는 가정에서 부모님에게 이런 상황에서 이렇게 행농하도록 교육을 받았기 때문이다.

즉, 스웨덴에서는 우리 아이가 안전할 때 주변 위험 요소를 모두 찾아내 안전교육을 실시하여 그 위험요소를 사전 차단해 주는 노력을 꾸준히 하고 있다는 것이다.

반면에 우리나라의 경우는? 모든 교육은 학교에서 시켜주는 것? 이라는 생각과 '설마 내 자녀에게 교통사고가?'라는 안일한 의식을 갖고 있어 최상의 보호를 받아야 할 우리 자녀들이 하루하루를 불안하게 살고 있다.

현실이 이렇다 보니 스웨덴 등 선진국의 어린이 교통사고 보행 중 사망률이 10%대에 불과한데 우리나라의 경우 60% 까지 육박하고 있다.

이런 보행 중 사망률은 가정에서 교통안전 교육만 꾸준히 실시하면 우리도 선진국처럼 10%대로 얼마든지 끌어내릴 수 있다.

어린 자녀를 둔 부모님들,

"내 자녀의 교통사고 예방을 위하여 교통안전 교육만큼 좋은 보약은 없습니다. 조속히 양질의 보약을 즉시 내 자녀에게 복용시켜 주십시오."

영국

"어린이 교통사고 예방에 왕실이 앞장"

영국에서 어린이 교통사고 예방에 가장 크게 기여한 단체를 꼽으라면 단연코 왕실이다.

또한 왕실은 「노블리스 오블리지」를 가장 앞장서 실천하여 영국은 물론 전 세계적으로 존경받고 숭배받는 대상이기도 하다.

영국 왕실과 고관 대작의 자제들은 대부분 1440년 헨리 6세가 세운 왕립학교 성격의 Eton College에 입학한다.

이들이 입학하여 최초로 배우는 내용이 바로 「노블리스 오블리지」즉 사회적 지도층의 도덕적 의무감이다.

이는 국가와 사회가 위급하고 어려울 때 왕실과 고관 대작의 자제들이 먼저 앞장서서 국가를 위해 기꺼이 내 한 몸을 희생하라는 것이다.

사회적 지도층의 이런 도덕적 의무감으로 무장되어 있는 영국이기에 「해가 지지 않는 나라」「세계 최고 강대국」의 칭송을 받을 수 있는 것이다.

영국이 아르헨티나와의 포클랜드 전쟁을 할 때와, 이라크를 공격할 때 왕자들이 솔선수범하여 전쟁터로 나가는 이유도 바로 「노블리스 오블리지」에 있는 것이다.

실제로 Eton College에 가보면 오래된 벽에 학생들의 이름이 빼곡하게 적혀있는데 이들은 모두 다 국가가 위급할 때 전쟁터에 나가 싸우다 전사한 어린 학생들의 명단이다.

이런 영국 왕실이 1940년 또 한번의 노블리스 오블리지를 실천하는 방법으로 어린이 교통사고 예방을 위하여 발 벗고 나섰다.

당시는 어린이 교통사고 사망자가 1,600명을 넘어 심각한 사회문제로 부각되는 시점이였다.

왕실은 제일 먼저 중앙에 왕실사고방지협회 (Rospa)를 결성한 후 각 지역마다 어린이 교통안전 교육 단체인 Tufty club을 결성했다.

1942년 어린이 교통사고의 대부분이 보행 중에 발생하고 있어 왕실은 kerb drill 즉, 「선다」「본다」「건넌다」는 안전한 도로횡단 3원칙을 전국 6,000여곳의 Tufty Club에 보급하여 대대적으로 어린이와 부모님을 대상으로 교통안전 교육을 실시했다.

1977년 왕실은 kerb drill이 복잡한 교통상황에 적절히 대응하지 못함을 알고 안전한 도로횡단 6원칙인 Green Cross Code를 개발 역시 Tufty club을 통해 전국에 보급했다.

Green Cross Code의 6단계 내용은 다음과 같다.

첫째, 먼저 안전한 횡단장소를 찾은 후 그곳에 멈춘다.
둘째, 차도에 내려서지 말고 보도 위 연석선에 선다.
셋째, 주위를 눈과 귀로 잘 살핀다.
넷째, 자동차가 다가오면 먼저 보낸 후 다시 주위를 살핀다.
다섯째, 다가오는 자동차가 없으면 똑바로 횡단한다.
여섯째, 횡단 중에도 주위를 눈과 귀로 잘 살핀다.

이상의 6원칙을 전국의 모든 어린이와 선생님, 학부모님들에게 알려주어 학교와 가정에서 자녀들에게 안전교육을 철저히 실시토록 했다.

또한 90년대 들어 실제 빈발하는 어린이 교통사고 유형, 복잡한 교통특성과 지역특성을 감안한 맞춤형 보행안전 프로그램인 pilot pedestrian trainning schem을 개발, 역시 전국에 보급하여 어린이들의 보행 중 사망사고를 큰 폭으로 줄이는데 크게 기여했다.

왕실이 이런 노력을 한 결과 1,600명이 넘던 어린이 교통사고 사망자를 100명 이하로 대폭 줄이는 쾌거를 이루었다.

아울러 왕실의 노력에 발맞추어 영국 정부도 교통사고를 1/3로 줄이자는 기본 계획을 작성하여 어린이 교통사고 줄이는 노력을 대대적으로 전개하였다.

이때 교통안전 캠페인의 가장 핵심은 어린이 교통사고 예방에 어른들을 적극 참여토록 유도하자는 것이다.

즉 어른들을 교통사고 줄이기에 적극 동참시키는 유인은 바로 우리 자녀이며 우리 자녀들의 교통사고 예방을 위하여 노력하다 보면 본인 스스로 안전의식이 높아져 본인의 교통사고 위험도 낮아진다는 논리이다.

어쨌든 영국은 왕실의 이런 노력이 기폭제가 되어 어린이 교통사고는 1/10로, 전체 교통사고는 1/3로 감소시키는 성과를 이루어 냈다.

최근 왕실사고방지협회(ROSPA)는 영국의 교통사고 예방 활동은 물론 전 세계인의 교통사고 예방을 위하여 글로벌 교통안전 전문가 양성과정을 개설하여 교통안전의 많은 노하우를 전 세계에 보급하는데 적극 앞장서고 있다.

"영국 왕실의 Rospa 활동에 깊은 찬사를 보낸다"

미국

"보호 장구를 해주지 않은 부모는 양육권을 박탈하겠소."

몇 해 전 미국 법원에서 어린이를 제대로 돌보지 못한 부모님에게 매우 색다른 판결을, 우리로서는 전혀 생각조차 할 수 없는 판결을 내렸다고 한다.

어린이 보호 장구를 하지 않아 자녀를 다치게 한 어머니에게 판사가 말하길 "어머니의 양육권을 1주일간 박탈하겠습니다. 당신이 친모이기 때문에 1주일이지 만약 계모였다면 3개월 이상 양육권을 박탈했을 것입니다."

이 사건은 어머니가 어린 자녀를 보호 장구를 하시 않은 채 소수석에 앉힌 후 추돌 사고를 일으켜 안전띠를 맨 자신은 아무런 부상을 당하지 않았는데 옆 조수석에 앉은 어린 자녀는 크게 다친 교통사고에 대한 법원의 판결 내용이다.

또한 수년 전 미국에서 이런 사고가 또 있었다.

역시 젊은 어머니가 5세 남아를 보호 장구를 하지 않은 채 조수석에 앉힌 후 운전을 하다 앞 차를 받는 추돌사고를 일으켰으며 이 사고로 인해 안전띠를 맨 어머니는 중상을, 어린 자녀는 그만 튕겨나가 사망하는 안타까운 사고가 발생했다.

한 순간의 부주의로 어린 아들을 잃은 어머니의 비통한 심정은 실로 형언키 어려울 것이다. '어린이 보호 장구만 해 주었더라면.., 내가 조금만 주의를 했더라면...' 등등 때늦은 후회를 하고 있는 어머니에게 어린이 안전 시민단체인 Safe Kids Campaign 회원들이 데모를 하며 "부주의한 어머니에게 살인죄를 적용, 구속을 시켜야 한다" 고 주장했다.

그 이유인즉 너무나 당연히 해야 할 어머니의 어린이 보호 의무를 하지 않아 어린 생명이 목숨을 잃었기 때문에 어머니는 그 죄 값을 치러야 한다는 주장이다.

물론 이 단체가 자식을 잃고 괴로워하는 어머니의 비통한 심정을 모르는 것은 아니겠지만 이 사건을 계기로 더 이상 이런 어처구니없는 부모의 과실로 인해 어린 생명이 더 이상 희생 되서는 안 된다는 절박함이 담겨있다.

미국은 자동차 1만 대당 교통사고 사망자가 2019년 기준 1.2명으로 대한민국과 동일하다.

미국의 어린이 교통사고는 대한민국과는 정 반대로 보행 중 사망보다는 승차 중 사망이 더 많다. 승차 중 어린이 사고예방을 위하여 보호 장구의 중요성을 적극 강조하고 있으며 실제 어린이 보호 장구 착용률이 90%를 훨씬 상회하고 있다. 아울러 미국은 어린이 보호 장구를 해주지 않은 부모님을 법원판결 내용에서 보듯이 사회적으로 용납지 않는 분위기가 조성되어 있다.

실제로 전직 K*S 여자 아나운서가 10여년전에 미국에서 자신은 안전띠를 매고 어린 자녀를 보호 장구 없이 운전석에 앉힌 후 운전을 하다 주위 운전자는 물론 심지어 보행자들에게도 손가락질을 당한 적이 있다고 한다.

처음에는 내가 왜 손가락질을 받는지 이유를 전혀 몰랐으나 나중에 「자신은 안전띠를 매놓고 어린 자녀에게 보호 장구를 착용해 주지 않는 저런 몰상식한 사람이 있으냐」는 경고성 비난임을 알고서 부끄러워 몸둘바를 몰랐다고 한다.

교통안전 선진국인 미국이 상황이 이런데 교통안전 후진국인 대한민국은 어떠한가! 대부분의 부모님들은 어린이 보호 장구의 중요성을 제대로 인식치 못하고 있어 실제 보호 장구 착용률은 간신히 10%를 넘고 있다.

더욱이 어린 자녀가 교통사고 때 사망 확률이 가장 높은 운전자 옆 조수석에 앉고 싶어 하며 혼자 앉히기 불안하여 어머님이 자녀를 조수석에 앉고 타는 것을 우리는 너무나 쉽게 볼 수 있다.

실제 독일의 연구 결과에 따르면 어머니가 자녀를 안고 조수석에 타면 사고 때 엄마가 받는 충격이 70%까지 줄어들 수 있다고 한다.

즉 어린 자녀가 사고 시 엄마의 안전한 방패막이 역할을 하는 셈이다.

앞으로 이런 심각성을 널리 알려 부모님들 스스로 내 자녀의 교통사고 예방을 위하여 적극 참여토록 유도해야 한다.

어린 자녀를 둔 우리 부모님들!

"이제부터라도 「설마 내 자녀에게 교통사고가…」라는 안이한 생각을 버리시고 「만에 하나」 발생할지 모르는 교통사고에 내비하려는 마음으로 어린이 보호 장구를 반드시 장착해 주십시오."

일본

"교통안전 가족회의를 개최해요"

세계에서 어린이 교통사고가 가장 적은 나라, 안전교육을 가장 잘 실시하는 나라를 꼽으라면 단연코 「스웨덴」이다. 그러면 세계에서 가장 단 기간 내 어린이 교통사고 사망자를 가장 많이 줄인 나라는 어디일까? 한국과 일본이다.

일본은 지난 1970년 어린이 교통사고 사망자가 2,000명을 넘자 위기감을 느낀 어머니들이 적극 나서서 '우리 자녀들을 교통사고로부터 지켜주자' 는 취지로 「교통안전 어머니회」를 결성하여 어머니 교통안전 지도자 양성, 어린이 교통안전 교육 등 다양한 어린이 교통사고 예방활동을 적극 전개했다. 그 결과 40여년만에 어린이 교통사고 사망자수를 100명대로 줄였으며 현재도 지속적인 어린이 교통사고 예방활동을 수행하여 어린이 교통사고를 계속해서 줄여가고 있다. 한국 역시 90년 1,537명이던 어린이 교통사고 사망자를 계속 줄여 2020년 25명으로 감소시켰다

교통안전 어머니회원은 총 650만명을 넘고있어 일본 최고의 교통안전 압력단체로 활동하고 있으며 2000년 들어서 북해도를 시작으로 「교통안전 아버지회」도 결성되어 다양한 교통사고 예방활동을 수행하고 있다.

일본의 교통안전 어머니회에서 가장 역점을 두는 사업은 「어린이 교통안전 교육사업」이다.

일본 어머니회에서 각 기초자치단체별로 「어머니 교통안전 지도자」를 양성하여 이 분들이 지자체와 연계하여 우리 지역의 어린이 교육기관을 방문하며 부모님과 어린이들을 대상으로 교통안전 교육을 실시하고 있다.

이런 교육을 통해 부모님에게는 내 자녀의 교통안전을 위한 안전교육의 중요성과 구체적 교육방법을 제공하여 가정에서 꾸준히 안전 교육을 실시토록 유도하고 어린이들에게는 실제 교통사고 사례중심의 체험교육을 실시하여 동일 유형의 사고를 당을 자생능력을 길러주고 있다.

또한 각 기초자치단체별로 어린이 교통공원을 조성하여 어린이들이 실제 교육장에서 모터카를 타면서 사고를 내보고, 스스로 사고원인과 예방법을 습득토록 하는 체험교육을 어릴 때부터 꾸준히 실시하고 있다.

현재 전국적으로 300여곳이상 어린이교통공원이 조성되어 교통사고 사례중심의 체험교육을 실시하고 있으며 이 중 가장 규모가 크고 가장 교육을 잘 실시 하는 곳은 카츠타시의 중앙안전운전연수소 내 어린이 교통공원이다.

총 7만평의 부지에 설치된 어린이 교통공원에서 시뮬레이션을 활용한 체험교육과 자전거 안전운전 체험교육, 실제 시속 30km이상 달리는 카트를 타고 자동차의 특성과 안전운전 방법등 다양한 체험교육을 받고 있다.

이런 교육 이외에도 일본의 어린이 교통사고 예방에 크게 기여해온 제도는 대부분 어린 자녀를 둔 가정에서 실시하고 있는 「교통안전 가족회의」이다.

일본의 부모님들은 주변에서 발생한 어린이 교통사고는 '또 발생한다', '내 자녀도 이런 사고를 당할 수 있다'는 생각을 갖고 내 자녀가 안전할 때 「교통안전 가족회의」를 통해 실제 발생한 사고 사례별 예방법을 철저히 알려주고 있다.

보통 일요일 오전에 아침식사 후 온 가족이 모여 어머니 주재로 교통안전 가족회의를 개최하는데 회의의 주된 소재는 주위에서 발생한 어린이 교통사고 사례이다.

일본에서 실시하고 있는 교통안전 가족회의의 일부분을 소개해보면 다음과 같다.

어머니가 "오늘은 세워놓은 차 밑에 물건이 들어갔을 경우 어떻게 안전하게 대처 할 것인지 이야기 해보자" 하며 자녀들에게 질문을 한다.

자녀들의 답변을 들은 후에 어머니는 다시 자녀들에게 차량주변에서 놀 경우의 위험성, 운전자가 운전석에 앉아 있을 때 보이지 않는 사각지대, 「한번 멈추어 있는 차는 항상 뒤로 움직인다」는 사실 등을 상세하게 설명한다.

또한, 차 밑에 물건이 들어간 경우 어린이가 직접 꺼내지 않도록 하고 반드시 운전자에게 "차 밑에 제 물건이 들어갔어요. 꺼내주세요" 하며 요청하도록 교육을 실시한다.

이는 어린이들이 위험을 인지하는 능력, 판단하고 대응하는 능력이 현저히 떨어지므로 사고 발생 전단계에서 근원적으로 사고위험을 배제시켜주기 위함이다.

이렇게 일본은 매 주마다 교통안전 가족회의를 개최하여 어린이 교통안전 교육을 철저히 실시하고 있다.

일본은 교육을 통해 사고 예방법을 알려 주다보니 사고를 당하지 않는데, 우리 어린이는 부모의 무지함으로 인해 안전교육이 안되다보니 사고로 자녀들이 목숨을 잃고있는 것이다.

우리도 일본처럼 「교통안전 가족회의」의 개념과 중요성, 개최방법 등을 이런 자녀를 둔 부모님에게 조속히 홍보하여, 더 이상 우리 어린이들이 이런 어처구니없는 사고로 목숨을 잃는일이 발생치 않도록 해야한다.

이런 자녀를 두신 부모님 여러분!

"내 자녀의 안전을 위하여 교통안전 가족회의를 개최해 주십시오"

프랑스

"어린이 교통안전 교육 인증제도 실시"

"무단횡단은 어린이 교통사고를 유발하는 행위입니다. 자녀를 데리고 하는 무단횡단은 자녀에게 교통사고 나는 법을 알려주는 행위나 마찬가지입니다."

이는 한국에서 모방능력이 뛰어난 반면 행동능력이 부족한 어린이들이나 하나만 편하고자 하는 어른들의 무단횡단 모습을 보고 그대로 따라하다 교통사고를 당할수 있으므로 어린이 교통안전 교육 때 가장 강조하는 핵심 내용이다.

이런 교육 모습이 교통안전 선진국인 프랑스에서는 어느 교육기관、어느 가정에서도 찾아볼 수 없다. 그 이유는 프랑스의 도로교통법 219조에 '50m이내 횡단로가 없을 경우 보행자는 시계와 차량 속도를 고려해 긴박한 위험이 없음을 확인한 후 차도를 횡단할 수 있다.' 라는 규정이 있기 때문이다.

프랑스에서는 횡단보도를 건너다 빨간 신호로 바뀌어도 뛰는 사람이 없고, 무단 횡단하는 보행자 역시 당당하게 길을 건너는 모습을 쉽게 볼 수 있는데 이는 철저하게 보행자 중심의 교통정책을 펼치고 있는 당연한 결과이기도 하다.

프랑스와 독일이 어릴 때부터 교통안전 교육을 의무적으로 실시하는 가장 대표적인 나라이다. 특히 프랑스는 교통안전 교육을 강화하고 있는데 그 대표적 제도가 어린이 교통안전 교육 인증 제도이다.

이는 미취학 어린이가 초등학교 입학 전에 부모님과 함께 충분한 교통안전 교육을 이수하고 소정의 시험 실시 후 받는 교통안전교육 인증서를 초등학교 입학 때 학교에 제출하는 제도로 마치 우리나라에서 전염병 예방접종 주사를 맞은 후 접종 확인서를 초등학교 입학 때 제출하도록 하는 것과 같은 제도이다.

이런 교통안전 교육 인증 제도를 실시하는 이유는 7세까지는 집주변에서 놀다가 초등학교 1학년에 입학하면서 낯선 환경에 적응을 못해 교통사고 위험이 높아지므로 입학 전에 부모님과 자녀에게 충분하게 안전교육을 실시하여 부모님에게는 어린이 교통안전 교육의 중요성과 구체적 교육 방법을 제공하고 어린이들에게는 동일 유형의 사고에 스스로 대처할 수 있는 능력을 길러주고 있다.

또한 초등학교 5학년을 대상으로 교통안전 시험을 실시하는데 이 시험을 반드시 합격해야만 향후 모페트(원동기 장치 자전거)시험을 볼 수 있는 자격을 부여하고 있다. 프랑스는 이러한 교통안전 교육을 초등학교는 물론 중·고등학교에서도 반드시 실시하도록 의무화하고 있다.

특히 국어시간에는 교통사고 피해자 수기 등이 담긴 교재를 사용하며 수학시간에는 자동차 정지거리를 계산하며 과속의 위험성을 알려주고, 사회시간에는 교통사고 목격시 취해야 할 조치교육을 통해 교통사고의 위험성과 사고 예방법을 알려주고 있다.

청소년 교통사고 예방에 크게 기여한 제도로는 전 세계에서 가장 모범 사례로 활용되는 것이 라벨비 제도이다. 이 제도는 프랑스에서 교통사고를 연령별로 볼 때 청소년층 사고가 심각하여 연방 정부에서 청소년을 대상으로 본인의 교통사고 예방 아이디어 공모전을 실시하여 청소년 교통사고 현황, 사고 유형과 사고 특성 등을 알려 관심을 갖도록 유도한 후 스스로 청소년 교통사고 예방을 위한 좋은 아이디어를 제출, 청소년들과 함께 교통사고 줄이기 사업을 수행토록 하는 사업이다.

이 제도를 실시하여 시행 첫 해 청소년 교통사고 사망자를 24%나 줄인바 있다.

프랑스는 이 제도가 교통사고 감소효과가 탁월하여 「라벨비 포럼」을 만든 후 사고를 줄일 계층이 정해지면 그 계층에게 사고 감소 아이디어 공모부터 실시한 후 참여 계층과 함께 교통사고를 줄이는 노력을 적극 실시하고 있다.

이런 노력을 꾸준히 해 온 결과 지난 2019년 자동차 1만대 당 교통사고 사망자가 프랑스는 0.7명으로 교통사고가 매우 적은 편이다. 이렇게 교통사고가 적은 이면에는 어릴 때부터 가정에서 교통안전 교육을 실시하고 교통안전 교육을 법적 의무화 하는 등 꾸준히 교통안전 교육을 실시해 온 것이 가장 주효했다고 볼 수 있다.

호주

"호주는 Walking School Bus의 원조"

호주는 세계에서 여섯 번째 크기의 광활한 국토(770만km²)를 가진 나라로 러시아를 제외한 유럽 본토와 비슷하고, 한반도의 35배나 된다.

인구는 2,200만 명을 넘으며 80%가 내륙의 불모지역을 제외한 동남부 및 서부 해안 평원지역을 따라 발달한 도시에 거주한다.

이렇게 넓은 국토에 적은 인구가 살다 보니 지역 간 교통문제가 대두되는 것은 필연적이다.

이탈리아 나폴리와 브라질 리오데자네이루와 함께 세계 3대 미항인 시드니에서 브리즈번까지의 거리는 1,015km로 런던서 베를린 거리와 같으며, 브리즈번에서 퍼스까지의 해안도로는 5,755km로 런던서 모스크바 거리의 3배에 해당할 정도로 길다.

이러한 환경을 갖고 있는 호주는 교통 안전에 관한 한 최고의 선진국이다.

2019년 OECD 국가들의 자동차 1만대당 사망자수를 보면 OECD국가 평균이 0.9명이고, 대한민국은 1.2명인데 비해 호주는 0.6명으로 매우 적은 편이다.

호주에서 처음 시작해서 전 세계적으로 파급된 어린이 교통안전 제도가 바로 「Walking School Bus」이다. 이 워킹 스쿨버스는 1992년 호주 빅토리아 주정부 산하 건강증진재단인 「빅 헬스」에서 최초 시작된 후 곧바로 뉴질랜드, 미국, 캐나다, 영국 등으로 전파돼 많은 나라에서 실시, 어린이 교통사고 예방에 크게 기여하고 있다.

우리나라의 경우도 2008년 성북구 보건소에서 최초 실시 후 현재 전국

17개시도 900여 초등학교에서 워킹 스쿨버스를 실시하고 있다.

워킹 스쿨버스는 초등학교 등 · 하교시 방향이 같은 어린이들이 홀로 보행하지 않고 훈련된 자원봉사자들의 보호아래 집단 보행하는 시스템이다.

즉 어린이들이 이동하는 주된 통학로에 일정 간격으로 정류장을 설치해 놓고 정해진 시간에 어린이를 등교시 데려오고 하교시 데려다 주며 실제 도로상에서 안전 교육까지 실시해 주는 안전한 등 · 하교 기법이다.

이 워킹 스쿨버스가 성공적으로 실시되기 위해선 양질의 자원봉사요원 확보가 가장 중요한데, 호주의 경우 할아버지 · 할머니들이 손자 · 손녀를 위하여 열심히 참여하고 있으며 도로교통안전청(RTA)의 활동 지침에 따라 각 지방자치단체에서 초등학교 통학로와 어린이들의 등 · 하교 동선을 조사한 후 해당학교에 재정적 지원을 해주어 많은 학교에서 워킹 스쿨버스를 실시하고 있다.

필자가 몇 해 전 호주 브리즈번에서 워킹 스쿨버스를 실시하고 있는 학교를 방문해 지켜본 결과, 우선 어린이들이 안전하게 등 · 하교 할 수 있어 어린이는 물론 부모님들이 매우 좋아했으며, 실제 자원봉사를 하고 있는 할아버지 · 할머니들 역시 "아이들과 만나는 이 시간이 너무 즐겁다" 며 "건강이 허락하는 한 계속해서 이 즐거운 봉사를 할 것" 이라고 소감을 밝힌 바 있다.

또한 한국의 교통사고의 심각성을 들은 브리즈번의 교통안전 담당관 역시 "보행 중 사고가 많은 한국에서 실시하면 어린이 교통사고 예방에 크게 기여할 것" 이라며 우리들에게 조속히 실시 할 것을 권고했다.

또한 교통안전 담당관은 「Safe Route to School」도 실시할 것을 권유했는데 이는 해마다 4월 말 새 학기가 되면 초등학생 1학년과 부모님에게 통학로 주변에서 발생하는 어린이 교통사고 유형과 예방법을 알려준 후 집에서부터 학교까지의 등굣길 지도를 그려 이 지도에 위험한 곳과 안전한 곳을 각각 표기해 그 위험성을 스스로 알고 안전하게 대처하도록 하는 방법이다.

즉 7세까지는 지형이 익숙한 집 주변에서 놀다가 초등학교에 입학 할 경우 낯선 등하굣길에 적응을 못해 교통사고 위험이 높아질 수 있으므로 위험한 상황에서 안전하게 행동하는 방법을 스스로 익히도록 하는 방법이다.

매년 5월 중순경에 개최되는 「어린이 안전 주간」에 「Safe Kids Australia」라는 시민단체가 주관하여 다음과 같은 어린이 교통안전 퍼포먼스를 개최한다.

시내 중심가에서 교통사고로 숨졌거나 중상을 입은 어린이 보행자 사고의 심각성을 다시 한 번 일깨우기 위해 300여명이 넘는 어린이들이 도로에 누운 후 다른 어린이들이 분필을 들고 도로 위 어린이들의 신체 곡선을 그리고 그 위에 하얀 장미꽃을 쭉 놓는다.

물론 이 하얀 장미꽃은 교통사고로 숨졌거나 불구가 된 어린이를 상징한다.

그 후 모든 어린이가 철수한 다음 많은 자동차들이 이 장미꽃 위로 달리게 한 후에 그 느낌을 물어봤는데 대부분의 운전자들은 어린이를 친 것과 같은 섬뜩한 느낌을 받았다고 입을 모았다.

이 광경을 언론에서도 TV는 물론 신문에서 크게 보도를 하면서 어린이 교통사고에 대한 경각심을 높여주며 향후 어린이 교통안전을 위하여 운전자들에게 평상시 양보운전·방어운전을 실천으로 옮길 것을 당부한다.

이렇듯 호주는 민·관·언론 등이 삼위일체 지금도 어린이교통안전을 위하여 올인(All In)하고 있다.

뉴질랜드

스쿨 패트롤에게 법규 위반 차량 단속권 부여

"어린이가 최고입니다. 중요한 의사결정을 할 때 1순위는 어린이이고 2순위는 여성과 노인, 3순위는 강아지, 마지막 꼴찌는 남성입니다."

이는 오래전 뉴질랜드 방문시 필자에게 Safe Kids Newzealand의 사무총장이 한 말이다.

아울러 "뉴질랜드 어린이 교통사고를 줄이는데 가장 크게 기여한 대책은 무엇입니까?" 라고 묻는 질문에 다음과 같이 대답했다.

첫째, 본 단체가 주도적으로 실시하고 있는 『안전한 통학 길 운동』이다.

이 운동은 학교 주변 통학로의 사고 위험 요인을 모두 찾아내 위험 요소를 원천적으로 배제시켜 나가는 활동으로 이 운동을 통해 횡단보도 위치도 옮기고 불법 주·정차를 금지시키며 교통안전 시설을 적극 설치해 나가고 있다. 이 운동은 1992년 어린이 전문병원 의료진을 중심으로 시작된 후 지금은 Safe Kids Newzealand가 중심이 되어 도로교통안전청, 지방자치단체, 경찰, 교통전문가, 학부모, 시민단체 등 참여기관을 계속해서 늘려가고 있다.

안전한 통학 길 운동은 20년 장기 프로그램으로 추진되는데 1993년 법적 근거가 마련된 후 오클랜드 보건부에서 예산 지원을 받아 1995년 1차 5개년 계획이 시작되었다.

1996년에는 9월 7일~13일을 어린이 안전 주간으로 설정한 후 이 기간에 전국적으로 어린이 안전 캠페인을 집중적으로 전개하여 어린이 교통사고를 지속적으로 줄여가고 있다.

둘째, 초등학교 주변 교통법규 위반차량의 단속 권한을 가지고 있는 『스쿨 패트롤』의 활동이다.

스쿨 패트롤은 1920년 미국에서 최초 실시된 후 호주를 거쳐 1931년 처음 도입되었는데 전국적으로 7만 명 이상의 학생들이 어린이 등·하교 시간에 자원봉사를 하고 있다. 이들은 고학년 중에서 엄선하여 선발되는데 선발된 학생들은 매우 높은 자긍심을 가지고 활동을 하고 있다.

스쿨 패트롤의 가장 큰 특징은 법규 위반 차량에 대한 단속권한이 도로교통법에 명시되어 있다는 점이다.

1994년 유니폼과 장비 사용 요령 등 구체적 운영 계획안이 마련된 후 경찰, 도로교통안전청, 교사 및 교장연합회, 버스조합 등이 참여하여 만든 『스쿨 패트롤 운영 매뉴얼』을 모든 초등학교로 보급, 실시학교를 계속해서 늘려 나가고 있다.

소정의 안전교육을 모두 이수한 후 임명되는 스쿨 패트롤 대원들은 법규 위반차량 단속은 물론 등·하교 시간에 차량 흐름을 지켜보다 보행자가 모여질 경우 "스톱"을 외친 후 모든 차량을 정지시켜 어린이들이 안전하게 도로를 건너도록 하고 있다.

만일 이들의 지시를 어기고 주행하는 운전자에게는 여지없이 범칙금과 벌점 통지서가 날아간다. 물론 상습적인 위반 운전자는 경찰에 출두, 조사를 받은 뒤 벌금 또는 면허 정지 처분을 각오해야 한다.

셋째, 어린이를 최우선으로 하고, 보행자를 배려하는 사회적 분위기이다.

뉴질랜드의 운전자들은 『도로를 건너는 어린이들이 모두 다 내 자녀』라는 생각을 갖고 양보운전, 방어운전을 몸소 실천하고 있다.

모든 운전자들의 머릿속에 '내가 남의 어린이를 돌보아 주지 않으면 내 자녀 역시 다른 운전자들에게 보호받지 못한다.' 는 생각을 갖고 '모든 어린이를 내 자녀처럼 돌보아 주겠다.' 는 의식이 확고하게 자리 잡고 있다.

따라서 뉴질랜드 운전자들은 보행자가 도로에 들어서면 무단횡단 여부에 관계없이 일단 차를 세운다. 운전자들이 먼저 차를 세운 뒤 보행자에게 '건너가라' 는 손짓을 하는 모습을 자주 볼 수 있다.

보행자 우선 정책은 횡단보도 발전단계에 잘 나타난다.

1단계는 '얼룩무늬 횡단보도(Zebra Crossing)'설치. 1980년대 초 시간당 300대 이상 차량이 통행하는 곳에 얼룩무늬 횡단보도를 설치하기 시작했다.

2단계는 '횡단거리 줄이기(Road Narrow)'. 횡단보도 양쪽의 인도를 차로 쪽으로 확장. 보행자가 건너야 하는 거리를 줄였다. 횡단보도가 있는 곳에선 도로 폭이 좁아져 운전자가 더 조심할 수 밖에 없다.

3단계는 횡단보도 중앙에 '보행자 섬(Pedestrian Island)' 을 만들었다. 길을 건너다 신호가 바뀌면 도로 중간에서 안전하게 다음 신호를 기다릴 수 있도록 배려한 것. 보행자 섬은 차량이 보행자를 덮치지 못하도록 도로표면보다 높게 만들었다.

이렇듯 뉴질랜드는 말로만 어린이 안전을 외치는 것이 아니라 실제 실천을 통해 어린이들을 실질적으로 교통사고로부터 보호해 주고 있다.

캐나다

"스쿨버스는 달리는 빨간 신호등입니다."

"캐나다 운전자들이 가장 무서워하는 차는 경찰차가 아니라 어린이 통학 차량입니다."

캐나다에서 스쿨버스는 한마디로 「거리의 제왕」이다. 일단 스쿨버스가 나타났다면 모든 차들은 숨을 죽이고 멈춰 있어야 한다.

실제로 캐나다에서 종종 이런 장면을 목격한다.

도로 한편에 노란색이 선명한 스쿨버스 한 대가 조용히 멎었고 초등학교 학생들이 전혀 서두르지 않은 채 하니 둘씩 내리고 있었다. 차에서 내린 아이들 중 누구도 도로를 횡단하지 않았지만 진행 차로와 반대차로의 모든 차량은 아이들이 다 내릴 때가지 기다렸다.

이윽고 스쿨버스가 출발하자 멈춰섰던 차량들이 다시 움직이기 시작했다. 캐나다에서 아이들은 '걸어다니는 빨간 신호등' 이다. 그러나 스쿨버스는 한술 더 떠 '달리는 빨간 신호등' 으로 불린다.

스쿨버스가 차량의 앞뒤에 부착된 빨간 신호등을 점멸하기 시작하는 순간 교향악단 지휘자의 지휘라도 받듯이 주변의 모든 차량들은 일제히 멈춰 선다. 특히 스쿨버스를 뒤따르던 차량은 안전거리 유지를 위해 20m 정도 거리를 두고 선다.

법규를 어기고 운전자가 학생들이 승하차중인 스쿨버스를 지나쳐 가거나 승하차가 끝나기 전에 차를 움직였을 때의 처벌은 무겁다. 처음 어겼을 때는 10만원 ~ 20만원의 벌금을 물리지만 두 번째부터는 20만원 ~ 80만원으로 높아지고 최고 6개월의 징역형까지 처해진다.

'캐나다 운전자들은 경찰차가 아니라 스쿨버스를 가장 무서워한다' 고 할 만큼 스쿨버스를 대하는 이곳 운전자들의 태도는 거의 노이로제 수준이다.

스쿨버스 운영을 맡은 각 지역 교육위원회는 스쿨버스를 사들여 직접 운영하거나 전문 스쿨버스 운행업체에 위탁하는 방식을 취한다. 개별 학교에 대한 재정보조업무도 교육위원회의 몫이다.

스쿨버스 운영에 필요한 재원은 국민이 내는 주택세에서 충당한다. 캐나다 사회 공동의 자산인 2세들의 안전을 국가 및 지역사회가 맡아야 한다는 사회적 합의가 이루어져 있는 셈이다.

안전한 스쿨버스를 만들려는 캐나다인들의 노력은 스쿨버스 운전자에 대한 엄격한 선발기준에서도 엿볼 수 있다. 스쿨버스 운전 자격증을 취득하기는 하늘의 별따기만큼 어렵다.

심신이 건강하고 전과가 없어야 하는 것은 물론 추월경쟁을 벌이다 적발된 경력이 있는 사람, 인명사고 경력이 있는 사람, 비양심적으로 사고현장을 그냥 지나쳐 면허정지를 받았던 적이 있는 사람은 아예 응시를 포기해야 한다. 일단 자격을 취득해 스쿨버스를 운전하다가도 교통법규를 위반해 벌점이 8점을 넘으면 즉각 자격이 취소된다.

아울러 스쿨버스 운전자는 단순히 어린이를 수송해주는 운전기사가 아니라 안전교육까지 실시하는 선생님이다. 스쿨버스 탑승 어린이와 학부모님을 대상으로 어린이 보호장구 착용의 중요성과 올바른 착용방법을 알려주며 스쿨버스 관련 어린이 사고 유형과 예방법도 철저히 알려준다.

특히 운전자들은 「Safety Wave」 운동, 즉 안전을 확인한 후 손흔들기 운동을 전개한다. 어린이가 차에서 내려 차의 앞 · 뒤로 뛰어들 경우 자칫 법규 위반차량에 치여 사고 날 위험이 있으므로 길을 건널 경우 반드시 운전자 앞으로 나와 손을 들어 주면 운전자는 룸미러, 백미러로 차가 오지 않음을 확인 한 후 손으로 건너도록 알려주는 의사표시 운동이다.

또한 스쿨버스 운전자들은 다른 운전자들보다 보수도 많고 보다 엄격한 무사고, 무위반 경력을 요구하고 있으며 대단한 자부심과 긍지를 갖고 운전을 하고 있다.

스쿨버스 운전자들이 어린이 안전을 위하여 최고의 덕목으로 생각하는 것은 바로 「방어운전능력」이다.

「항상 마음의 여유를 갖고 미래의 주인공인 어린이들을 보호하는 막중한 책무를 수행한다」는 생각으로 안전운전, 방어운전을 실천하고 있다.

최근 아동에 대한 유괴 사건이 사회문제화 되면서 통학버스 이용 어린이에 대한 신변 안전에 각별히 신경을 쓰고 있다.

이를 위하여 사전에 스쿨버스 이용 어린이의 보호자를 등록해 놓은 후 어린이 하차시 사전 등록된 보호자가 아니면 절대로 어린이를 인도하지 않는 등 여러 대책들을 강구하고 있다. 또한 스쿨버스 차량에 대한 철저한 안전점검도 정기적으로 실시하고 있는데 도로교통법에 6개월마다 정밀 종합안전진단을 받고 브레이크 점검과 오일 교환은 3개월 마다 하도록 규정해 놓고 있다.

이렇듯 캐나다의 스쿨버스는 신성 불가침의 존재로 인정받아 어린이들이 최상의 보호를 받고 있다.

스페인 · 스위스 · 이탈리아

"영화 포스터 · 뮤직 비디오의 위반차량까지 벌금 부과"

투우의 나라, 정열의 나라. 스페인에서도 교통 법규를 위반하면 가혹할 정도로 무거운 처벌을 받는다.

심지어는 영화를 홍보하는 포스터 · 뮤직비디오의 교통법규 위반 행위도 단속의 예외는 아니다.

실제로 줄리아 로보츠가 나오는 영화를 홍보하는 포스터에 남녀 주인공이 오토바이를 타고 가는데 헬멧을 쓰지 않았다 하여 그 영화 제작사에 4,600만원의 벌금을 부과했다.

또한 오토바이를 타고 질주하던 팝스타, 샤키라가 바르셀로나로 가던 중 헬멧을 벗었다는 이유로 61만원의 벌금을 부과하기도 했다.

스위스에서도 교통법규를 위반한 스위스 최대 부자에게 256억원의 벌금을 물렸고 전 좌석 · 전 도로 안전띠 착용과 오토바이는 물론 자전거 탑승시 헬멧착용을 법적 의무화하고 있는 이탈리아 역시 법규 위반시 강력한 제재를 가하고 있다.

이렇듯 선진국에서 교통법규 위반 운전자들에게 강력하고 무거운 법적 제재를 부과하는 이유는 「교통법규 위반차량을 방치할 경우 이로 인한 사고시 최대 피해자는 어린이」임을 너무나 잘 알고 있기 때문이다.

그래서 모든 운전자들에게 언제, 어디서든지, 시간과 장소를 불문하고 교통법규를 지키도록 강요하고 있으며 또한 운전자들 역시 법규를 지키는 것이 곧 나 자신, 우리 자녀의 안전과 직결된다는 점을 스스로 잘 인식하고 있다. 바로 이런 의식이 뒷받침 돼 안전한 가정, 안전한 사회와 국가를 만들어 가는 것이다.

실제로 이들 국가는 지난 2019년 자동차 1만대당 사망자수가 OECD 가입국가 평균은 0.9명인데 비해 대한민국은 1.2명으로 전체 36개국 중 31위를 차지한 반면에 스위스는 0.3명으로 전체 3위를, 이탈리아는 0.6명으로 13위, 스페인은 0.5명으로 9위를 각각 차지할 정도로 교통안전 선진국이다.

스페인의 경우 1990년대부터 「자녀를 교통사고로부터 보호합시다」 캠페인을 지속적으로 전개하며 전국적으로 양성된 2,000여명의 교통안전 교육 전문가들이 초등학교, 유치원 등을 순회하며 부모님과 어린이들을 대상으로 교통안전 교육을 철저히 실시하고 있다.

아울러 어린 자녀를 둔 부모님들에게 어린이 보호장구 착용의 중요성과 올바른 장착방안을 적극적으로 홍보하여 현재 93%의 어린이 보호장구 착용률을 보이고 있다.

이와 함께 「도로의 주인은 보행자이고 보행자 중 최고 보호대상은 어린이」임을 강조하며 차도 폭을 줄이고 보행자 인도를 늘려나가는 정책을 지속적으로 수행하고 있다.

스위스의 경우도 가정과 학교에서의 어린이 교통안전교육을 강화하고 있음은 물론 13세 또는 150cm 이하 어린이는 승차시 반드시 어린이 보호장구를 착용하도록 법적 의무화하고 있으며 사고 시 상대적으로 안전한 운전석 뒷좌석에 보호장구를 설치하여 그 자리에 앉도록 적극 권장하고 있다.

또한 스쿨존 내 어린이 교통사고 예방을 위하여 소정의 교통안전 교육을 충분히 이수한 고학년생을 활용하여 저학년의 안전한 등하교 지도, 교통법규 위반차량의 감시계도 활동 등 School Patrol(학교순찰대)의 활동을 적극 수행하고 있다.

이탈리아의 경우 매년 3월 두 번째 일요일을 「교통안전 기원의 날」로 지정하고 그 한 주 동안 다양한 교통안전 행사를 벌이고 있는데 이 행사의 핵심은 「어린이 교통사고 예방을 위한 어른들의 역할」에 초점을 맞추고 있다.

행사의 주된 내용이 어린이 교통안전을 위하여 어른들이 3E정책, 즉 Education(교육)을 더 강화하고 Engineering(안전시설)을 확대 설치하고, Enforcement(단속)를 강력하게 실시할 것을 요구하는 등의 캠페인을 통해 어린이들의 교통사고 위험을 지속적으로 낮추어 주고 있다.

이렇듯 교통안전 선진국들은 말이 아닌 행동으로 솔선수범하며 어린이들을 사고로부터 보호해 주기 위한 다양한 활동을 매우 효과적으로 수행하고 있다.

싱가포르

"93년 어린이 보호 장구 착용 의무화"

"건강한 애를 낳는 것도 중요하지만 안전하게 키우는 것이 보다 더 중요합니다."

"보호 장구를 착용치 않은 어린이가 시속 50km로 달리는 차를 타고 가다 사고가 날 경우 3층높이 건물에서 떨어지는 충격을 받습니다."

이 말은 싱가포르 어린이 전문병원에서 직접 운영하고 있는 어린이 안전센터에서 임산부와 어린자녀를 둔 부모님을 대상으로 안전교육을 할 때 가장 강조하는 내용이다.

실제로 어린이 안전센터에서는 정례적으로 안전교육을 실시할 때 차량 운전 중 사고가 발생하면 뒷좌석 승객, 특히 어린이는 앞차와 충돌 시 앞 유리창에 부딪치거나, 다른 차량이 뒤에서 추돌시 유리창을 깨고 밖으로 튕겨나가 치명적 손상을 입을 수 있음을 강조한다.

이런 유형의 사고로부터 어린이를 보호하려면 반드시 어린이용 안전장구를 착용하되 다음과 같이 올바로 이용하라고 센터 측은 설명했다.

① 우선 어린이용 안전장구의 끈이 꼬이지 않았는지를 확인한다.

② 버클을 채운 뒤 어린이 어깨와 어깨끈의 간격이 손가락 두 개 정도 이상 벌어지지 않도록 조절한다.

③ 안전장구의 끈은 넓을수록 좋다. 사고발생시 가해지는 충격을 몸 전체로 고루 분산시키기 때문.

④ 어깨끈은 어깨와 평평하게 유지하도록 한다.

⑤ 안전장구는 반드시 안전벨트와 연결해 사용한다.

이렇게 어린이 병원과 함께 어린이 안전을 위하여 열심히 노력하는 곳은 교통민간단체인 국가안전회의(NSC)이다. 이 단체는 영 · 유아를 둔 부모님에 차량 탑승 시 보호 장구 착용의 중요성을 적극 알리며 매우 저렴한 실비로 보호 장구를 대여해주고 있다.

특히 이 단체는 자동차 구조상 사고 시 가장 위험한 자리는 운전석 옆 조수석이며 상대적으로 가장 안전한 자리는 운전석 뒷좌석임을 적극 알리며 어린 자녀들은 반드시 가장 안전한 자리에 보호 장구를 착용한 후 앉도록 권고하고 있다.

아울러 자녀를 조수석에서 안고 탈 경우 사고 시 어린 자녀가 엄마의 방패막이가 되어 어린이가 치명적 손상을 입을 수 있으므로 반드시 뒷좌석에 앉도록 하고 있다.

또한 보호 장구는 어린이가 성장해 발이 바닥에 완전히 닿을 때까지는 착용토록 권장하고 있는데 이는 사고 시 자칫 발이 차량바닥에 닿지 않는 경우 충격 시 지탱할 힘이 약해지는 만큼 사고나 부상정도가 심해질 수 있기 때문이다.

정부 역시 1992년 도로교통법을 개정해 모든 차량 뒷좌석에 안전벨트를 장착하도록 하고 어린이가 탈 경우 어린이 보호 장구 착용을 의무화 했으며 이를 위반할 경우 벌점과 벌금을 같이 병과하여 무겁게 처벌하고 있다.

이렇게 민 · 관이 합심하여 열심히 노력한 결과 어린이 보호 장구 착용률이 현저하게 증가하고 있다.

싱가포르는 전 국민의 78%가 중국인으로 처음부터 질서를 잘 지키고 규칙을 준수하지는 않았으나 정부가 굳건한 의지를 갖고 교통법규 위반자에 대한 엄중한 처벌과 절대 뇌물을 받고 무마시켜 주지 않는 경찰의 엄격한 법집행을 지속함으로써 교통질서가 잡히고 교통안전 선진국의 반열에 오를 수 있었다.

따라서 우리나라의 경우 현재 어린이 보호 장구 착용률이 10%대에 불과하므로 조속히 어린이 안전관련 시민단체와 어린이 전문병원 등 민 · 관이 합심하여 어린이 보호 장구 착용의 중요성을 적극 홍보하고 경찰이 단속도 보다 강화하여 보호 장구 착용률을 조속히 끌어올려야한다.

아울러 어린 자녀를 둔 모든 부모님들이 '설마 내 자녀에게 사고가...' 라는 안일한 자세에서 벗어나 '만에 하나 내 자녀도 사고가 날 수 있다' 는 생각을 갖고 방어운전 · 안전운전을 함은 물론, 어린이들에게 반드시 보호 장구를 장착해주어야 한다.

5장. 어린이 교통 안전 칼럼

내 자녀의 안전을 위한 부모님의 실천 사항 등

1 스쿨존 내 주 · 정차, 탄력적 운영해야

● 스쿨존은 초등학교, 유치원, 100인 이상 어린이집, 학원, 특수학교 등 주변 300m 이내 어린이 교통안전 특별 보호구역으로 현재 16,800여곳이 지정 · 운영되고 있다.

● 정부는 스쿨존내 어린이 교통사고 예방을 위하여 도로 교통법을 개정, 2021년 10월 21일부터 일부 예외조항은 있지만 스쿨존내 모든 구역에서 주 · 정차를 금지 시키고 있다. 이렇게 주·정차를 못하게 하는 이유는 무분별한 불법 주 · 정차가 어린이 교통사고를 부추기기 때문이다.

● 실제로 어린이 교통사고 사례 분석을 해보면 천천히 걷는 경우보다 뛰는 것이 사고 위험이 7배나 높고, 주 · 정차 차량 앞뒤, 사이에서 뛰는 경우 18배나 높은 것으로 나타났다.

이는 어린이가 뛰면 운전자가 순간적으로 대처할 여유가 없고, 차량 앞 뒤서 뛰어나오면 그 차에 가려 어린이가 보이지 않기 때문이다.

특히 어린이는 행동 특성상 항상 뛸려는 조급성과 주변 위험을 인지하지 못하는 단순성, 어른들의 무단 횡단을 따라하려는 모방성으로 인해 교통사고가 발생하므로 어린이가 많이 모이는 스쿨존에서 당연히 운전자가 보호를 해 주어야 한다.

그러나 막상 스쿨존 내 주·정차 전면 금지를 시행해 보니 곳곳에서 많은 문제점들이 노출되고 있다. 우선 장거리 통학하는 어린이와 몸이 아프거나 장애가 있어 걷기가 불편한 경우는 어떻게 할까?

300m 전방에서 내려 걸어올 경우 걷는 길이가 길어진 만큼 교통사고 위험도

높은데 이 문제는 또 어떻게 할 것인가?

생존, 생계 문제가 있는 주변 상가에서 물건을 내리고, 올리고 할 때는 또 어떻게 하나? 특히 운전자 대부분이 스쿨존이 어디서 시작해서 어디서 끝나는지도 잘 알지 못하는 상황에서 강력하게 단속을 할 경우 "스쿨존임을 몰랐다.", "안내표시가 제대로 안 되어있다." 등등 불만의 목소리는 커질 수밖에 없다.

스쿨존의 주·정차 금지는 목적이 아니라 어린이 교통사고 예방을 위한 수단임을 인식하고 예외적으로 인정하는 「어린이 통학차량 안심 승하차 Zone」을 대폭 확대하고 주차는 일체 금지하되 정차는 횡단보도, 교차로, 버스정류장, 소화전 부근 등 위험 지역외 전면 허용해야한다.

아울러 운전자가 스쿨존의 시작과 끝을 분명히 알 수 있도록 확실한 스쿨존 안내 표시가 요구된다. 일례로 스쿨존내 모든 횡단보도를 과속방지턱형 인도로 바꾸어 주거나, 스쿨존 진입 도로 바닥에 홈을 파서 바퀴가 지글거리는 것을 촉각으로 느끼게 하거나, 스쿨존 진입 차로에 삼각형을 연속으로 그려 넣은 호주식 용의 이빨 표시나 직선 차로를 지그재그로 하여 감속을 유도하는 등의 방법을 도입해 볼 수 있다.

또한 스쿨존내 7~8m의 이면 도로를 양방통행할 경우 안전한 인도 확보가 안돼 어린이가 곡예 보행을 하고 있는 현실을 감안, 이런 도로는 일방통행으로 전환 후 보차도 경계턱을 설치하여 차량과 어린이의 동선을 근본적으로 분리시켜 주어야 한다.

어린이를 교통사고로부터 보호해주기 위하여 주·정차 금지는 당연히 요구되지만 현실적 난제들이 너무 많으므로 3개월 정도 단속 유예기간을 두고 나타난 문제들을 계속 보완하며 탄력적으로 유연하게 운영함이 요구된다.

2 주유소 진입구간 폭을 좁히는 민서법 제정

2020년 1월 14일 오후 서울 양천구 신월동의 주유소 앞 보행자 도로에서 대형 굴삭기가 3차로에서 급하게 주유소로 집입하다 보행하는 어린이, 최민서 양을 뒤에서 치여 사망케 하는 안타까운 사고가 발생했다. 필자가 현지를 방문하여 조사해 본 결과 도로에서 주유소로 진입하는 구간은 무려 18m나 되었다.

즉, 어린이 통행이 빈번한 보도에서 주유하러 들어가는 차량과 만날 수 있는 상충 거리가 18m나 되다 보니 차들이 감속하지 않고 빠르게 주유소로 진입하고 있는 것이다.

이런 민서 양의 안타까운 사고가 또 발생하지 않기 위해서는 도로교통법을 개정, 차량과 보행자가 상충될 수밖에 없는 주유소나 대형 주차장의 진입로 폭을 대폭 좁혀 서행을 유도하고 비상등을 설치토록 하여 보행자의 안전을 최우선해야한다.

우리는 안타깝게도 어린 생명이 희생되는 안타까운 사고를 겪은 후 비로소 동일 사고가 재발되지 않토록 하는 어린이 생명안전법안, 일명 네이밍(Naming) 법을 제정하고 있다.

어린이 통학버스 보호 조항을 대폭 강화한 세림이법, 통학버스 내 질식사고 예방을 위한 한음이법, 차량 미끄럼 사고 예방 고임욕 설치 등을 담은 하준이법, 스쿨존내 CCTV와 횡단보호 신호등 설치와 가중 처벌 조항에 담긴 민식이법, 어린이 위급 상태시 즉시 신고를 의무화한 해인이법, 어린이 통학버스 대상을 대폭 확대한 태호·유찬이법이 너무나 안타깝고 매우 슬픈 법안들이다.

주유소·주차장 진입구간의 폭을 대폭 좁히고, 비상등을 설치토록 하는 도로교통법의 개정안인 민서법의 조속한 제정을 촉구한다.

3 한국의 운전면허, 머리 좋은 원숭이도 땁니다.

선진교통문화 정착을 위한 한 세미나에 한국인과 결혼한 미국 국적의 여성 방송인이 토론자로 참석했다.

TV에도 종종 나오며 한국말을 꽤 잘하는 이 방송인의 첫마디는 "한국의 운전면허는 머리 좋은 원숭이도 땁니다!" 였다. 즉, 한국의 운전면허는 운전자로서 갖춰야 될 양보운전, 배려운전의 중요성에 대한 매너교육은 간과한 채 시험에 합격하기 위한 운전 테크닉만 가르치기 때문에 이런 시험이라면 흉내를 잘 내는 머리 좋은 원숭이도 합격할 수 있다는 논리이다.

또한 "한국인들은 참 친절 합니다" 그러나 "한국의 운전자는 결코 친절하지 않습니다.", "한국의 운전자들은 마치 전쟁터에 나가는 사람처럼 얼굴이 너무 무섭습니다." 그리고 "한국의 운전자들은 천천히 오다가도 옆 운전자가 차로 변경을 하기 위하여 깜박이를 켜고 진입하려 하면 오히려 더 빨리 달려와 들어오지 못하도록 하는 비정상적인 운전자들이 많다" 고 했다.

그런 후 "한국의 운전자들은 마음의 여유가 없어요, 자신은 양보받길 원하면서 자신은 또 양보를 안 해 주려는 이중적 행태를 보인다." 며 "먼저 원하거든 먼저 베푸세요." 라고 토론의 결론을 맺었다.

일순간 수많은 한국 청중들은 파란 눈의 미국여성이 하는 말에 모두 수긍이나 하듯이 매우 숙연해졌다.

인정 많고 좋은 심성을 갖고 있는 우리 대한민국 국민들이 도로위에서 왜 이 지경까지 왔는지 우린 다 같이 반성해야 한다.

결국 이렇게 척박하고 매우 저급하며 지극히 덜 성숙된 우리의 교통문화로 인해 교통사고 다발왕국의 오명을 뒤집어쓰며 매년 교통사고로 30만여 명씩 사상되는 희생을 감수해야 한다.

우리의 살맛나는 좋은 품성을 이 지경까지 각박하게 만든 가장 큰 주범은 누구이고 앞으로 이 문제를 어떻게 해결할 수 있을까?

물론 여러 가지 복합적 원인과 다양한 해결책이 있겠으나 필자는 이 문제의 근본원인과 처방을 운전면허 교육에서 찾아야 한다고 생각한다.

'어린이에게 투자하면 결코 손해 보지 않는다'는 말이 있다. 이는 어릴 때부터 시간과 노력을 적극 투자하여 정성스럽게 교육하면 훌륭하게 성장하여 자신과 가문의 영달은 물론 국가의 동량으로 잘 자라 국격을 크게 높여 나갈 수 있으므로 이 시기의 투자에 인색하지 말라는 것이다.

그러면 도로위의 어린이는 누구일까? 바로 운전면허를 따기 위해 열심히 공부하고 있는 교육생과 갓 면허를 취득한 초보운전자일 것이다.

이런 운전면허 취득생에게 양질의 교육을 충분하게 실시하여 상대방을 배려하며 양보, 방어 운전을 할 수 있는 능력을 길러주고, 이런 교육생이 면허를 취득하여 도로에 막 나왔을 때 기성 운전자들이 적극적으로 보호하고 배려해주는 성숙한 모습의 운전 행태를 보여 주어야 한다.

이를 위하여 지금 당장 운전면허 교육시간, 방법, 시험문제와 출제 방식 등 모든 것을 제로베이스에 놓고 전면적이고 혁신적으로 대폭 쇄신해야 한다.

특히 우리나라는 2019년 기준 OECD조사 국가 36개국 중 자동차 1만대 당 사망자수는 1.2명으로 31위, 인구 10만 명당 사망자수는 6.5명으로 27위를 보이고 있을 정도로 교통사고 다발 국가이다.

이런 오명을 조속히 씻어내기 위하여 도로위의 어린이인 운전면허 교육생들에 대한 의무 교육시간을 현행 13시간에서 OECD국가 평균인 50시간, 일본 60시간, 독일 72시간과 비교해 우리나라가 교통사고 다발왕국임을 감안, 최소 60시간 이상으로 대폭 늘려 양보, 배려운전의 중요성을 충분히 교육시키는 것이 가장 시급하다.

아울러 규제완화 차원에서 폐지된 초보운전자 스티커 부착도 다시 부활하여 기성 운전자들이 초보운전 스티커를 붙인 운전자들을 적극 보호하고 배려하는 성숙한 운전 행태를 보여 주어야 한다.

4 내 자녀의 안전을 위한 세 가지 약속

한국의 교통사고 문제는 물론 그 심각성이 어제, 오늘의 문제는 아니다. 그러나 「한국에 교통사고가 많이 발생한다」는 것보다 더욱 심각하게 우려하는 것은「그 심각한 교통사고에 우리의 감각이 무디다」는 것과「한국의 위험한 교통상황에 우리 자신이 길들여지고 있다」는 것이다. 즉, 선진국의 입장에서 볼 때에는 지극히 위험한 상황임에도 불구하고, 안에 있는 우리는 그 위험성과 심각성을 제대로 인식하지 못하고 있다는 것이다.

보험개발원 통계에 따르면, 실제로 지난 2020년의 경우, 크고 작은 교통사고로 죽거나 부상당한 사람이 무려 190만 명을 넘고 있다. 이 190만 명을 남한 전체의 인구로 나누어 보면, 우리들의 사랑하는 가족이 1년 동안에 교통사고를 당할 위험성이 나올 것이다.

이렇게 계산을 해보면, 한창 재롱을 떨며 부모의 사랑을 흠뻑 받아야 할 우리들의 자녀가 1년 동안에 교통사고로 죽거나 부상당할 확률은 무려 3.7% 즉 27명 중의 1명꼴로 나타난다. 설마 그럴까하는 생각이 들 정도로 오싹하고 무서운 느낌이 든다.

따라서 우리가 이제부터라도 '무서운 교통사고가 나 자신, 우리 가족, 사랑하는 자녀의 코앞에까지 다가와 있다.' 는 생각으로 위기의식을 가지고, 자녀에게 발생할 수 있는 교통사고 유형과 예방법을 습득한 후 자녀에게 꾸준히 교통안전교육을 실시해야 한다. 이런 교육에서 중요한 핵심은 다음의 세 가지가 아닐까 한다.

첫째, 보행자와 보행자간의 약속이다.

이는 우리 모두 무단횡단을 하지 말자는 약속이다. 무단횡단은 어린이 교통사고를 조장하는 범법행위나 마찬가지이다. 어린이는 모방능력이 월등히 뛰어난 반면 행동능력은 매우 떨어지므로 어른들의 무단횡단 모습을 보고 그대로 따라하다 종종 사고가 발생한다. 즉 무단횡단은 어린이 교통사고를 조장하는 범법행위이므로 우리 스스로 무단횡단 하지 말도록 약속한 후 실천으로 옮겨야 한다.

이런 노력이 계속된다면 어린이 교통사고의 50%, 전체 교통사고의 25% 이상을 차지하는 무단횡단 사고는 대폭 줄어들 수 있을 것이다.

둘째, 보행자와 운전자간의 약속이다.

이는 횡단보도를 건널 때 보행자가 운전자를 보며 손을 들면 운전자는 손으로 '먼저 가라' 고 양보해 주는 것을 약속하자는 것이다.

흔히 신호등 없는 횡단보도에서 보행자는 '운전자가 멈춰 주겠지' 하며 먼저 가려고 하고, 운전자는 '보행자가 멈춰 주겠지' 하며 그냥 가려다 종종 사고가 발생한다. 따라서 이런 갈등의 개연성을 사전에 없애기 위하여 보행자가 먼저 가고자 할 경우, 분명히 손을 들어서 의사를 표시하고 운전자는 손으로 먼저 가라고 하는 것을 서로 약속으로 정하자는 것이다.

셋째, 운전자와 운전자간의 약속이다.

이는 운전자들이 '하루에 10번씩만 양보하겠다.' 는 것을 서로 약속으로 정한 후 실천으로 옮겨 주자는 약속이다.

교통사고는 조금 빨리 가려는 조급한 마음에서 비롯되는 과속, 난폭, 부주의 운전이 문제이므로 '내가 하루에 10번씩만 양보하겠다.' 는 생각으로 마음의 여유를 갖고 운전한다면 보는 시야가 보다 넓어지므로, 조급한 마음에서 오는 교통사고는 얼마든지 예방할 수 있다.

우리 모두 나 자신과 내 가족의 안전을 위하여, 그리고 우리의 자녀가 안전하고 쾌적한 환경 속에서 마음 놓고 뛰어놀 수 있도록 하기 위하여 지금부터 당장 세 가지 약속을 실천해 나갈 필요가 있다. 우리가 이런 노력을 꾸준히 실천할 때, 그리고 주변 이웃들이 이런 노력에 적극 동참해 줄 때, 우리 사회는 보다 안전한 사회로 발전해 갈 것이며 우리 자녀 역시 교통사고의 공포로부터 벗어나 안전하고 건강하게 잘 자라게 될 것이다.

5 우리도 교통유도 경비 제도를 실시 하자

2019년 7월 4일 서울 서초구 잠원동에 있는 지상 5층짜리 건물 철거공사 중 갑자기 무너져 해체물이 도로로 떨어지는 아찔한 사고가 발생했다.

이때 곧 결혼을 앞둔 예비 신랑 신부가 예물을 찾으러 차를 몰고 가던 중 그만 해체물에 맞아 예비 신부는 사망하고, 신랑은 중상을 당하는 끔찍한 사고가 발생했다. 이 사고는 건물 해체시 무거운 하중을 견디기 위한 지지대만 제대로 설치 했으면 얼마든지 예방이 가능한 전형적 인재(人災)로 밝혀졌다.

이와 동일한 사고가 또 발생했다. 2021년 6월 9일 광주광역시 동구 학동의 한 재개발 현장에서 철거중이던 지상 5층 건물이 무거운 하중을 견디지 못한채 무너지면서 막 정류장으로 들어오던 버스를 덮쳐 버린 것이다. 이런 끔찍한 상황을 전혀 생각조차 못한 승객들은 그만 콘크리트 덩어리와 철근 등 건물 잔해에 짓눌리고 찢기면서 9명이 숨지고, 8명이 중상을 당하는 대형 참사가 또 발생 했다.

큰 아들의 생일 잔치를 해주기 위하여 즐거운 마음으로 장을 보고 버스탔던 어머니가, 동아리 후배들을 만나고 집으로 가기 위하여 버스를 탔던 고등학교 2학년생이, 그리고 70대 어르신 등등...

우리 대한민국이 이 정도 밖에 안되는가! 세계적 찬사를 받고 있는 BTS, 윤여정과 봉준호, 세계 경제 대국으로서 우뚝 성장한 우리 대한민국의 안전이 고작 이정도인가! 도대체 이런 후진국형 사고가 계속 발생하는 근본 원인은 무엇일까? '설마 사고가 나겠어'라는 개개인의 안일한 생각과 사회적으로 만연되어 있는 안전, 위험 불감증이 가장 큰 문제이다.

'설마 사고가 ~' 라는 생각을 갖고 있으면 위험이 코앞까지 왔는데 이를 전혀 감지하지 못하기 때문에 이런 후진적 사고가 계속 발생하는 것이다.

따라서 현 상황에서 특단의 대책은 건물 신축과 해체 작업을 수행하는 건설 종사자는 물론 모든 국민들이 '설마 ~' 라는 생각을 버리고 '만에 하나 사고가 날 수 있다'는 위기의식을 갖고 삶의 현장에서 '과하다' 싶을 정도의 2중 3중의 안전조치를 취하는 노력을 해야 하는 것이다.

이런 개개인의 노력 이상으로 중요한 것은 이런 안전조치를 취하도록 법과 제도로 의무화 시키는 것이다. 인간은 본능적으로 실수 또는 부주의에 대한 인적 오류(Human Error)가 발생 할 수 밖에 없는 한계를 지니고 있다. 따라서 이를 꾸준한 교육과 훈련을 통해 인적오류를 최소화 시키고 관련 법 제도를 만들어 겹겹히 안전조치를 취하는 cross cheeking system을 갖추어 나가야 한다.

이런 제도적 장치의 일환으로 일본서 실시하고 있는 「교통유도 경비제도」를 조속히 실시 할 것을 촉구한다.

이 제도는 크고 작은 건물의 공사현장에 안전 전문 요원를 배치토록 의무화 한 후 전문요원 배치가 안되면 아예 공사 허가를 내주지 않도록 하고 있다.

현재 일본에서 약 10만명 정도가 안전유도원으로 참여하고 있으며 이 인건비는 공사비에 책정되어 안전유도원이 '최악의 상황이 발생할 수 있다'는 위기의식을 갖고 꼼꼼하게 안전을 챙기고 있어 우리와 같은 후진국형 붕괴사고를 근원적으로 예방하고 있다.

우리도 더 이상 이런 허망한 사고로 국민의 목숨을 잃는 일이 없도록 조속히 교통유도 경비 제도를 실시 할 것을 거듭 촉구한다.

6 「앗차사고」가 주는 준엄한 경고

얼마 전 너무 아찔한 상황을 목격했다.

한 어머니가 초등학교 1학년쯤 되어 보이는 아들의 손을 잡고 횡단보도의 왼쪽에 서 있었다.

어린 아들은 신호등의 녹색불이 들어오자마자 엄마의 손을 뿌리치고 급하게 차도로 뛰어드는 것이다. 이 때 보행자 녹색불에 걸리지 않기 위하여 보다 속력을 내는듯한 버스가 어린이를 보고 "끼익" 하고 급브레이크를 밟으며 멈춰 선다.

정말로 간발의 차이로, 불과 몇 센티 차이로 어린이 앞에 커다란 버스가 딱 멈추었다.

이런 사고가 신호등 있는 횡단보도 사고의 전형적인 빈발사례임을 알고 있는 필자는 순간적으로 '아! 저 어린이, 죽는구나!' 라며 심장이 오그라질 정도로 소스라치게 놀랐다.

그런데 정작 아들의 어머니는 너무나 태연하게 "너 괜찮아?", "뛰면 어떡하니?" 하며 아무런 일이 없었다는 듯이 그냥 지나가는 것이었다.

물론 결과만 놓고 보면 아무런 일은 없었다.

그러나 운전자가 조금만 더 속력을 냈다면, 운전자가 1초만 어린이를 늦게 발견했더라면 이 어린이는 사망했다.

이런 어머니의 대담함, 아니 무지함 때문에 어린이들이 안타깝게 목숨을 많이 잃는 것이다.

실제 이런 사고를 당하지 않기 위하여 자녀에게 '오는 차와 안전거리가 확보된다' 는 점에서 횡단보도는 우측통행이 안전함을 알려주고, 녹색불이 들어와도 손을 들어도 그냥 지나치는 차가 있으므로 반드시 「차량멈춤」을 꼭 확인하는 습관을 길러주어야 한다.

아울러 자녀를 데리고 다닐 때 반드시 손이 아닌 손목을 붙잡고 다녀야 한다.

이는 지금의 위험한 상황처럼 어린이는 언제 어디서든지 갑자기 차도로 뛰어들 수 있기 때문이다.

이런 상황을 일본에선 「앗차사고」라고 부르며 「앗차사고」를 적극 관리하여 사고를 미연에 예방해야 한다고 적극 주장한다.

이는 5만 건의 안전사고를 정밀 분석한 세계적 안전전문가 하인리히의 1:29:300원리에 기초한다. 즉 사고날 뻔한 상황이 300번이면 29번이 사고가 발생하고 이중 1건은 사망 또는 치명적 중상을 당한다는 것이다.

실제로 일본 내각부가 공모한 「시민참여형 교통사고 반감 프로젝트」에서 1위를 한 「앗차사고」를 적극 관리하여 교통사고를 86%이상 감소시킨 모범사례가 일본 교통학계에 큰 화두가 되고 있다.

일본대학의 타카다교수가 「카마가야시」의 교통사고 다발지점을 선정, 「앗차사고」를 관리하여 매년 평균 22건씩 발생하던 교통사고를 지난해 3건으로 감소시킨 모범사례이다.

이는 그 지역의 운전자, 보행자를 대상으로 평상시 사고날 뻔했던 위험사례들을 모두 제보 받아 왜 사고날 뻔한 상황이 발생했는지, 이러한 상황을 아예 만들지 않기 위하여 어떻게 할 것인지를 지역 주민들에게 알리며 충분한 공감대를 형성해서 사고날 뻔한 상황을 아예 만들지 않도록 하여 사고를 크게 줄인 것이다.

이 사업의 책임자인 타카다교수는 이렇게 사고를 큰 폭으로 줄인 가장 큰 원인은 「앗차사고」를 많이 제보해주고 「앗차사고」를 일어나지 않도록 노력해 주신 「시민들이 안전의식 덕분」이라고 말했다.

우리는 살면서 깜짝 놀랄만한, 사고가 날 뻔한 그런 위험상황을 자주 경험한다.

만일 재수가 없다면 한 번의 날 뻔한 상황이 공교롭게도 29건의 경미한 사고에 들어갈 수 있고 이 또한 1건의 사망사고에 들어갈 수 있어 한 순간에 목숨을 잃는 일을 주변에서 종종 목격한다.

이제부터라도 큰일날 뻔한 상황이 생기면 '큰일 났다' 고 생각하고 두 번 다시 큰일날 뻔한 상황을 만들지 않으려는 노력을 해야 한다.

그래야만 각종 안전사고를 미연에 예방할 수 있다.

우리 모두 「앗차사고」가 주는 준엄한 경고를 깊이 되새겨야 한다.

7 "음주사고 77% 줄인 일본 사례가 주는 교훈"

'만일 당신이 술을 먹고 핸들을 잡는다면 그 술이 이승에서 드신 마지막 술이 될 수 있습니다.'

실제로 지난 2020년 총 17,247건의 음주운전사고가 발생하여 287명이 사망했고 28,063명이 부상당했다.

이는 전년에 비해 사고 건수는 1,539건이 증가했고 사망자가 8명이 감소했으나 부상자 1,210명이 증가했다.

그동안 완만하게 줄던 사고 통계가 오히려 늘어 기존에 사용해 왔던 음주운전 대책에 한계가 온 것이 아닌가 하는 우려감과 특단의 예방대책을 조속히 마련해야 하는 절박함을 느끼게 한다.

이런 특단의 대책 마련이 왜 중요한지 우리는 일본 사례에서 잘 찾아볼 수 있다.

지난 2001년 일본의 한 고속도로 상에서 음주운전 차량의 추돌로 뒷좌석에 탄 어린 남매가 모두 목숨을 잃은 안타까운 사고가 발생했다.

이 사고를 계기로 당시 고이즈미 총리는 『음주운전과의 전쟁』을 선포하고 즉시 혈중 알코올 농도 단속기준을 0.05에서 0.03으로 낮추고 대대적인 홍보와 강력한 단속에 들어갔다.

아울러 '음주 운전자를 방치한 동승자도 책임이 있다' 는 논리로 동승자 처벌 조항까지 만들었다. 이러한 노력을 꾸준히 펼친 결과 지난 2000년 1,276건이던 음주운전 사망사고 건수가 10년만에 287건으로 줄여 무려

77.5%를 감소시켰다.

일본 외에도 최고의 교통안전 선진국인 스웨덴, 노르웨이 역시 음주 단속 기준을 0.05에서 0.02까지 낮추었고 비교적 교통안전 후진국인 중국, 브라질도 0.02로, 러시아, 인도 역시 0.03으로 낮추는 등 많은 나라에서 음주운전 단속 기준을 계속해서 하향 조정하고 있다. 한국 역시 2018년 윤창호법의 제정을 계기로 0.03으로 낮추었다.

이렇게 많은 나라에서 음주 단속 기준을 하향 조정하는 이유는 단 한가지다. 음주운전으로부터 선량한 국민들의 생명을 보호해 주기 위함이다.

우리도 미국, 네덜란드, 프랑스 등 선진국처럼 21세 이하 운전자, 면허취득 5년 이하 운전자, 사업용 자동차 운전자의 경우 0~0.02까지 대폭 낮추는 단계별 음주운전 단속 기준 역시 조속히 마련해야 한다.

아울러 일본에서 시행하고 있는 음주운전 동승자 처벌과 미국의 일부 주에서 실시하고 있는 술 판매 업주까지 책임을 물리는 등 특단의 음주운전 대책을 강구해야 한다.

그러나 단속, 처벌보다 훨씬 중요한 것은 운전자 스스로가 '음주운전은 무조건 사고 난다. 단지 언제, 어디서, 누구를 사상케 하느냐만 문제될 뿐이다.' 라는 점을 인식하고 음주운전을 결코 하지 않는 것이다.

그래서 술자리가 있으면 아예 차를 가져가지 않고, '부득이 한 모금이라도 마셨으면 반드시 대리운전을 부르겠다' 는 마음을 가져야 한다.

매일같이 음주운전으로 인해 78명씩 죽거나 부상당하고 있다. 나 자신이,

우리 가족이 이러한 비극의 주인공이 되지 않도록 하기 위한 방법은 딱 한 가지. 모든 운전자가 『음주운전은 자살행위』임을 인식하고 결코 음주운전을 하지 않는 것이다.

"일본은 했는데 우리라고 못 할리 없다."

8 3대가 함께 보행자 면허증을 취득합시다

사람이 평생을 살면서 번개 맞아 죽거나 부상당할 확률은 얼마나 될까?

미국국립번개안전연구원에 따르면 최소 1/28만~최대 1/100만이라고 한다.

그러면 대한민국 사람이 1년간 살면서 교통사고로 죽거나 부상당할 확률은 또 얼마나 될까? 무려 1/27이다. 이는 보험사 통계기준 교통사고 사상자를 대한민국 인구수로 나누어 보면 나오는 수치이다.

즉 대한민국에 살고 있는 모든 사람들으 1년에 교통사고로 27명당 1명 꼴로 죽거나 다치고 있는 셈이다. 실로 무섭고 끔찍한 수치이다. 그러나 더 더욱 심각한 문제는 이런 심각성을 우리 국민들이 인식하지 못하고 있다는 점이다.

내가 심각하다고 느끼면 그만큼 심각한 상황이 발생치 않도록 조심할텐데 이런 심각성을 느끼지 못하니 전혀 조심도 하지 않고 있다.

실제로 지난 2020년에 한국에서 건강한 국민들이 도로를 건너다가 또는 이면도로를 보행하다가 1,093명이 사망했다.

이 수치는 2014년 세월호 침몰로 안타깝게 사망한 304명의 무려 3.6배가 된다.

즉 매년 보행중 교통사고로 세월호 3.6대가 침몰하여 1,100명 가까운 생명이 목숨을 잃고 있는 셈이다.

이 보행중 사망은 안전한 보행법을 몸에 습득한 후 일상 삶속에서 실천으로만 옮겨주면 대부분 예방할 수 있는 사고이다.

교육을 통해 안전한 보행법을 알려준 후 조속히 실천으로 옮기도록 해주어야 한다. 프랑스에서 보행중 사고예방에 크게 기여한 「보행자면허증 취득 프로젝트」를 제안한다.

안전교육을 통해 사고 88% 감소

미국의 유명한 컨설턴팅 기관인 맥켄지의 안전교육 효과성 연구에 따르면 사고는 인적 요인, 시설적 요인, 환경적 요인에 의해 발생하는데 안전교육을 통해 안전지식을 전달해 주고 그 지식을 생활화만 할 수 있도록 인적 요인만 개선시켜 준다면 "모든 사고는 88%까지 감소가 가능하다"는 것이 연구 결론이다.

이 때의 교육은 단순히 말로만 하는 이론 교육은 10%의 감소효과가 있고, 질문 · 답변식, 즉 생각을 유도하는 소통식 교육은 20~30%, 실습체험 중심의 교육은 40~50% 효과가 있는 것으로 나타났다.

그래서 우리가 안전교육 방법으로 실제 사고 사례 중심의 체험 교육을 강조하는 이유도 바로 높은 교육효과에 있는 것이다.

실습체험 교육보다 높은 효과를 볼 수 있는 교육이 '파급성을 띤 교육 방법'이다. 일반적으로 60~70%의 교육효과가 있다라고 보는 파급성 띤 교육은 내가 교육 받은 가장 중요 내용을 가족, 친구들에게 알려주도록 유도하는 교육이다. 즉 내가 꼭 지켜야할 교육 내용을 가장 소중한 사람에게 알려주도록 유도하며 자신은 저절로 지키도록 유도하는 방법이다.

이상의 여러 방법을 감안하며 한국의 심각한 보행 중 교통사고를 가장 단기간내 가장 많이 감소시킬 수 있는 방법이 「3대가 함께하는 보행자면허증 취득 프로젝트」이다.

프랑스 축구 영웅 지단이 보행자면허증 대부

이 보행자면허증 제도는 2006년 헌병 경찰대가 최초 도입하고 제너럴보험사가 지원하여 실시하는 제도로 초등학교 1~2학년을 대상으로 각종 위험한 보행 환경에서 안전하게 보행하는 방법을 실습 체험교육을 통해 알려주고 소정의 시험에 합격하면 제공하는 보행자면허증이다.

프랑스의 축구 영웅인 지단이 보행자면허증의 대부라고 불릴 정도로 보행자면허증 보급에 앞장서고 있다.

지네딘 지단, 보행자 면허의 대부

지난 2020년 보행중 교통사고로 사망한 1,093명의 연령대를 보면 고령자가 628명으로 전체 보행 중 사망자 중 무려 57.4%나 차지할 정도로 고령자 사망자가 많다.

특히 사고시 상태를 보면 무단횡단이 절반을 차지하고 횡단보도를 건너다가 사망하는 경우가 23%를 차지하여 무단횡단을 하지 않고 횡단보도의 안전한 보행법만 알려주고 실천으로 옮기도록 한다면 현재 사고의 70%이상을 감소시켜 줄 수 있다.

그래서 한 가정을 기본 단위로 하여 할아버지와 할머니가 손주의 안전을 위하여, 부모님이 자식의 안전을 위하여, 손주가 조부모님과 부모님의 안전을 위하여, 서로 cross checking 하면서 3대가 프로그램에 참여하여 보행안전 체험교육을 받고 보행자면허증을 취득한다.

보행자면허증 취득 6개 코스

가족 단위로 3대가 참여하여 보행자면허증을 취득하기 위한 6개 코스별 이동 동선, 채점 항목, 점수, 중점 지도사항은 다음과 같다.

1) 코스1 : 이면도로를 보행할 때, 이면도로서 차를 만났을 때

순	이동 동선	채점 항목	점수
1	이면도로를 보행할 때	차를 마주보고 통행하는지	10점
1	이면도로를 보행할 때	차를 등지고 통행하는지	0점
2	이면도로에서 차를 만났을 때	일단 멈추고 몸을 벽 쪽으로 붙이는지	10점
2	이면도로에서 차를 만났을 때	그대로 천천히 건너가는지	0점
2	이면도로에서 차를 만났을 때	빠르게 뛰어 가는지	0점

● 중점 지도 내용

① 이면도로 보행시 차량을 등지고 통행하는 것이 마주보고 통행보다 4배나 위험이 높음

② 이면도로에서 차가오면 우선 멈추고 벽 쪽으로 몸을 붙여주어야 함

2) 코스2 : 신호등이 있는 횡단보도를 건널 때

순	이동 동선	채점 항목	점수
3	신호등 있는 횡단보도를 건널 때	횡단보도 우측에 서는지	10점
		아무 곳에 서는지	0점
		녹색불에 차량 멈춤 확인하는지	15점
		녹색불에 그냥 건너는지	0점
		손들고 건너는지	5점
		그냥 건너는지	0점

● 중점 지도 내용

① 횡단보도는 차가 왼쪽에서 오므로 우측통행이 보다 안전함

② 녹색불이 들어와도 그냥 지나치는 차가 있으므로 반드시 차량 멈춤을 확인해야함
③ 운전자를 보며 45° 로 손을 들고 차량 멈춤을 확인함

3) 코스3 : 신호등이 없는 횡단보도를 건널 때

순	이동 동선	채점 항목	점수
4	신호등이 없는 횡단보도를 건널때	운전자에게 손을 들어 '먼저 갈게요.' 의사 표시 하는지	10점
		전혀 의사표시 없이 그냥 건너는지	0점
		차를 계속 보면서 건너는지	5점
		그냥 건너는지	0점
		천천히 건너는지	5점
		뛰어 건너는지	0점

● 중점 지도 내용
① 손을 처음에 왼손, 반쯤 지나면 오른손을 들고 건넘
② 길을 건너는 동안 차를 계속 보면서 건넘
③ 뛰는 것이 천천히 걷는 경우보다 사고 위험이 7배나 높음

4) 코스4 : 눈, 비가 올 때 보행 시, 야간에 보행 시 옷 색깔

순	이동 동선	채점 항목		점수
5	눈, 비가 올 때 보행 시	우산	왼손으로 든다	10점
			오른손으로 든다	0점
		연석선	연석선서 1~2보 뒤에 있는다	15점
			연석선에 서있는다	0점
6	야간에 보행 시 옷 색깔	밝은 옷을 입는다		5점
		어두운 옷을 입는다		0점

● 중점 지도 내용

① 왼손은 운전자에게 손을 들어 의사표시를 해야 하므로 우산은 오른손으로 들어줌

② 연석선에 있으면 차가 우산을 칠 수 있으므로 연석선에서 1~2보 뒤에 서있어야 함

5) 코스5 : 주 · 정차된 차량 사이를 갈 때

순	이동 동선	채점 항목	점수
7	주·정차된 차량 사이를 갈 때	우선 멈춘 다음 차가 오는지 확인하는지	10점
		확인하지 않고 그냥 건너는지	0점

● 중점 지도 내용

주 · 정차된 차량 사이에서 뛰면 차에 가려 안보이므로 사고 위험이 18배나 높음

6) 코스6 : 차량 밑으로 내 물건이 들어갔을 때

순	이동 동선	채점 항목	점수
8	차량 밑으로 내 물건이 들어갔을 때	운전자에게 "꺼내주세요."하는지	5점
		본인이 직접 꺼내는지	0점

● 중점 지도 내용차 밑에 물건이 들어가면 차량이 급 후진할 수 있으므로 반드시 운전자에게 꺼내주도록 요청함

이상의 체험 교육과 소정의 시험을 통해 70점이상 득점시 보행자 면허증을 수여하도록 하고 반드시 면허증 취득 후 준수사항을 지키도록 유도한다.

어린이 · 부모 · 조부모의 준수사항

● 어린이의 경우

첫째, 나는 무단횡단을 하지 않겠습니다.

둘째, 나는 횡단보도의 오른쪽으로 건너겠습니다.

셋째, 나는 녹색불이 들어 와도 그냥 지나치는 차가 있으므로 반드시 「차량 멈춤」을 확인한 후 건너겠습니다.

넷째, 나는 안전한 보행을 위한 3가지 습관, 즉 「우선 멈추고, 운전자와 눈 맞추고, 차를 계속 보면서 건너는 습관」을 기르겠습니다.

다섯째, 나는 조부모와 부모님의 보행 중 사고 예방을 위하여 상기 사항을 꼭 알려 드리겠습니다.

● 부모님의 경우

첫째, 나는 무단횡단을 하지 않겠습니다.

둘째, 나는 횡단보도의 오른쪽으로 건너겠습니다.

셋째, 나는 녹색불이 들어와도 그냥 지나치는 차가 있으므로 반드시 「차량 멈춤」을 확인한 후 건너겠습니다.

넷째, 나는 안전한 보행을 위한 3가지 습관, 즉 「우선 멈추고, 운전자와 눈 맞추고, 차를 계속 보면서 건너는 습관」을 기르겠습니다.

다섯째, 나는 자녀와 부모님 보행 중 사고 예방을 위하여 상기 사항을 꼭 알려 드리겠습니다.

● 조부모의 경우

첫째, 나는 손주의 교통사고를 부추기는 무단횡단을 하지 않겠습니다.

둘째, 나는 횡단보도의 오른쪽으로 건너겠습니다.

셋째, 나는 녹색불이 들어와도 그냥 지나치는 차가 있으므로 반드시 「차량 멈춤」을 확인 한 후 건너겠습니다.

넷째, 나는 안전한 보행을 위한 3가지 습관, 즉 「우선 멈추고, 운전자와 눈 맞추고, 차를 계속 보면서 건너는 습관」을 기르겠습니다.
다섯째, 나는 손주와 자녀의 보행 중 교통사고 예방을 위하여 상기 사항을 지키도록 교육을 실시하겠습니다.

기대효과

보행자 면허증 취득 프로젝트를 가족 단위로 3대가 함께 실천할 경우 다음과 같은 효과가 기대된다.

첫째, 실제 빈발하는 보행 중 사고유형과 예방법을 체험 교육을 통해 습득함으로써 보행 중 사고를 큰 폭으로 감소시켜 줄 수 있다.
둘째, 어릴 때부터 체계적으로 보행안전 교육을 실시하여 현행 보행 중 사망률 60%를 선진국처럼 10~20% 선으로 크게 낮출 수 있다.
셋째, 할아버지와 할머니, 부모님, 손주 3대가 함께 참여하여 서로 교통사고 나지 않도록 cross checking하는 시스템을 통해 사고 감소는 물론 가족 간 유대감도 증진시켜 줄 수 있다.

6장. 안전교육이 최고의 보약

내 자녀의 교통안전을 위하여 안전교육만큼 좋은 보약은 없습니다

"안전 교육이 최고의 보약"

● 안전교육의 효과성 제고를 위한 3대 교육 기법은 다음과 같습니다.

첫째, 질문을 하십시오.

일방적으로 알려주는 주입식 교육은 금방 잊어버리므로 효과가 떨어집니다.

어린이가 생각을 할 수 있도록 질문 하고 답변을 유도하는 방법이 일반적 주입식 교육보다 2~3배나 교육 효과가 높습니다.

둘째, 따라하도록 하십시오.

어린이가 꼭 지켜야할 내용을 반복적으로 따라하도록 하면 뇌에 입력이 되어 역시 효과가 높습니다. 특히 선생님이 학생 수가 많은 수업시간에, 또는 어린이들이 산만하게 행동하거나 떠들 때 따라하도록 하면 시선을 집중시킬 수 있습니다.

셋째, 파급성을 띤 교육을 하십시오.

어린이가 알고 꼭 지켜야 할 내용, 즉 무단횡단의 위험성과 횡단보도 우측통행의 안전성, 운전자와 눈 맞추는 습관 등 핵심 내용을 부모님, 친구들에게 알려주는 선생님 역할을 유도할 경우 교육 효과는 가장 높습니다.

미국의 컨설팅 기관인 맥켄지의 연구에 따르면 '모든 안전 사고는 교육을 통해 안전지식을 전달하고 그 지식을 일상 삶속에서 생활화만 해준다면 88%까지 감소시켜 줄 수 있다' 고 나타났습니다.

학교와 가정에서 상기 3가지 교육기법을 적절하게 활용하시면 교육효과를 극대화 할 수 있습니다.

- 교실에서의 40분 교통안전 중점 지도 내용입니다.

  - 인사 (1분)
  - 교통사고의 개념 (1점)
  - 무단 횡단사고의 위험성 (1분)
  - 횡단보도 우측통행의 안전성 (2분)
  - 손드는 이유와 손드는 올바른 방법 (3분)
  - 안전한 도로횡단 5원칙 (3분)
  - 빈발하는 10가지 사고유형과 예방법 (5분)
  - 안전한 도로횡단 실습교육 (20분)
    첫째, 횡단보도 우측에 서는지
    둘째, 녹색불이 들어왔을 때 차량멈춤을 확인하는지
    셋째, 손은 제대로 잘 드는지
    넷째, 길을 건널 때 차를 계속 보면서 가는지
  - 부모님께 알려줄 내용 (2분)
  - 손가락 걸고 따라하기 (2분)

- 운동장에서의 10가지 사고사례 체험 교육 내용입니다.

  - 학교 운동장에서 체험교육 오리엔테이션 (3분)
  - 각 교육대상을 10개조로 나눈 후 교육생 배정
  - 빈발하는 10가지 사례중심 체험 (1개 코스당 3~4분씩)
    – 사고현황 설명

– 실제 사고발생 모습 재연
– 사고원인 질문과 사고 원인 설명
– 사고 예방법 질문과 사고 예방법 설명
– 사고 예방법의 중요내용 따라하기

○ 각 교육 코스별 체험 교육 후 타 코스로 이동
– 타 코스에서도 상기 5개 항목을 중심으로 실습

○ 10개 코스 체험 교육 모두 완료 (총 10개 체험 40분)

○ 어린이 교통안전 퀴즈왕 선발대회 (20~30분)

● 교실의 40분 지도 교안의 상세 내용입니다 (단순 참고용)

○ 인사

어린이 여러분, 안녕하세요! 오늘은 교통안전 수업을 하는 날입니다. 여러분, 교통사고 무서워요, 안무서워요?(대답확인) 아무리 무서운 교통사고도 오늘 선생님 말씀 잘 듣고 그대로만 하면 여러분은 교통사고 나지 않습니다. 여러분은 선생님 말씀 잘 들어서 교통사고가 나지 않는데, 교육을 못받은 여러분 동생이나 엄마, 아빠가 사고나면 돼요, 안돼요?(대답확인) 안되기 때문에 여러분들이 오늘 배운 것을 꼭 집에 가서 엄마, 아빠한테 알려주는 좋은 선생님이 돼야 합니다. 좋은 선생님이 되기 위해서는 오늘 교통안전 수업을 잘 받아야 합니다. 오늘 교통안전 수업 잘 듣고 꼭 집에 가서 엄마, 아빠에게 알려주는 좋은 선생님 될 것을 약속해요. 자, 우리 모두 손가락 걸고 도장 찍어요!

○ 교통사고는 무엇일까요?

교통사고는 차와 차 또는 차와 사람이 부딪혀 목숨을 잃거나 다치는 경우를 말합니다. 교통사고는 매우 무서운 것입니다. 교통사고는 우리 모두의 약속인 교통법규를 지키지 않아서 발생하는 것입니다.

○ 어린이 교통사고 중 가장 많이 발생하는 사고는?

가장 많이 발생하는 사고는 무단횡단 사고입니다. 무단횡단은 횡단보도나 육교, 지하도가 아닌 곳으로 건너는 것입니다. 횡단보도는 길을 건너기 위하여 사람이 다닐 수 있도록 만들어 놓은 길입니다. 반드시 길을 건널 때 횡단보도로 건너야 합니다. 어린이 여러분, 따라하세요! "나는 횡단보도로 건너겠습니다.", "나는 무단횡단을 하지 않겠습니다." 만일 동생이나 엄마, 아빠가 무단횡단을 하려고 하면 어떻게 해야지요? 반드시 무단횡단을 하지 않도록 알려주는 좋은 선생님이 돼야 합니다.

○ 횡단보도의 우측통행이 안전한 이유를 설명해 주십시오. 횡단보도를 건널 때 차가 왼쪽에서 오므로 오른쪽으로 간만큼 보다 안전합니다.

어린이 여러분! 횡단보도를 건널 때 반드시 오른쪽으로 건너가세요. 따라하세요! "나는 횡단보도의 오른쪽으로 건너가겠습니다." 여러분들이 집에 가서 엄마, 아빠에게도 횡단보도 오른쪽이 안전한 이유를 알려주고 꼭 오른쪽 통행을 하도록 알려주세요. 비록 반정도 지난 다음 차와 거리가 가까워져도 이미 그 차는 멈추어 있고 서로 보면서 가기 때문에 안전합니다.

★ 대각선 통행은 안전횡단의 기본원칙인『직선보행』에 어긋나며 이는, 짧은 녹색불에 가장 긴 거리이므로 어린이가 뛸 수밖에 없어 오히려 사고를 부추길 수 있으므로 대각선 통행은 위험합니다.

○ 손을 들고 건너는 이유와 손드는 올바른 방법은?

길을 건널 때는 반드시 손을 들고 가야 합니다. 손을 드는 이유는 "운전자에게 제가 먼저 갈테니 멈추어 주세요." 하며 이야기하는 것입니다. 따라서 운전자를 바라보며 차가 오는 쪽 손을 45도 각도로 들어주어야 합니다. 즉 처음에는 왼쪽 손을 들어주며 반 정도 지난 다음에는 오른쪽 손을 들어주어야 합니다. (등하교시 한쪽 손에 물건이 들려 있는 경우 손을 바꾸지 말고 왼쪽 손만 들도록 해주십시오. 자칫 손을 바꾸다 오히려 위험할 수도 있습니다.) 이때 손을 든 다음 꼭 그 차가 멈추었는지 확인을 해야 합니다.

어린이 여러분, 선생님이 영어를 알려주겠습니다.

eye는 뭐예요? "눈" 이지요, contact는 "만지다, 접촉하다" 입니다. 따라하세요! "eye contact" eye contact는 미국에서 1학년 어린이 교통사고 예방을 위하여 강조하는 교육방법입니다. eye contact는 「운전자와 눈맞추기」 입니다. 따라하세요. "운전자와 눈맞추기" 길을 건널 때는 반드시 운전자에게 손을 들어 눈을 마주친 다음 꼭 그 차가 멈추는 것을 확인하고 건너야 합니다.

따라하세요. "나는 손을 들고 건너겠습니다." "나는 운전자와 눈맞추기를 하겠습니다." 얼마 전에 서울에서 신호등이 있는 횡단보도에서 1학년 남자아이가 엄마와 함께 횡단보도 왼쪽에서 서있었습니다. 이 어린이는 서 있다가 녹색불이 들어오는 것을 보고 "야! 녹색불이다" 하며 뛰어들다가 그만 버스에 부딪히는 사고를 당했습니다.

어린이 여러분, 이 어린이는 횡단보도 어느 쪽에 있었어요? 왼쪽이지요. 그래서 횡단보도는 오른쪽이 안전한 것입니다. 이 어린이는 운전자와 눈맞추기 했어요, 안했어요? 안했지요. 손들었어요, 안들었어요? 안들었지요. 이 어린이는 횡단보도 오른쪽 통행이 안전한 줄 몰랐어요. 또한 「운전자와 눈맞추기」 와 손드는 것도 몰랐기 때문에 그만 교통사고를 당한 것입니다.

여러분, 길을 건널 때 손을 들고 운전자와 눈 맞추기 하세요!

손을 들어 운전자와 눈을 마주친 후 꼭 그 차의 멈춤을 확인한다.

○ 안전한 도로횡단 5원칙을 설명해 주십시오.

첫째, 우선 멈춘다.

둘째, 왼쪽·오른쪽 차를 본다.

셋째, 횡단보도의 오른쪽에서 운전자를 보며 손을 든다.

넷째, 차량의 멈춤을 꼭 확인한다.

다섯째, 도로를 건너는 동안 차를 계속 보면서 건넌다.

○ 빈번하게 발생하는 10가지 사고유형과 예방법을 알려 주십시오.

① 무단횡단 사고

② 신호등 있는 횡단보도 사고

③ 신호등 없는 횡단보도 사고

④ 주·정차된 차량 사이 횡단 사고
⑤ 갑자기 뛰어들기 사고
⑥ 버스의 앞 뒤 횡단 사고
⑦ 큰 차가 회전하다 나는 사고
⑧ 차 뒤에서 놀다 나는 사고
⑨ 어린이 보호장구나 안전벨트를 착용하지 않아 일어나는 사고
⑩ 자전거, 로울러스케이트 사고

○ 안전한 도로횡단 방법 실습교육을 해주십시오.

한 반을 4~5개 조로 나누어 각 조별로 횡단보도에서 안전한 도로횡단 방법을 실습 교육함 – 각 조별로 도로횡단 모습을 점수화하여 가장 잘하는 조에 선물 또는 칭찬을 해줌 –

어린이 여러분, 지금부터 안전한 도로횡단 방법을 실습해 보겠습니다. 먼저, 선생님이 안전한 도로횡단 방법을 보일테니 잘 보십시오.

(선생님이 먼저 실습, 실습방법은 다음 4가지 기준을 참고해서 해주시면 됩니다.)

어느 조가 가장 잘하는지 다음 4가지 기준을 갖고 채점을 할 테니 선생님 횡단하는 모습을 잘 보고 그대로 따라하십시오.

첫째, 횡단보도의 오른쪽에 선다.(25점)

둘째, 녹색불이 들어와도 운전자를 쳐다보며 손을 들고 차량의 멈춤을 확인한다.(25점)

셋째, 손은 45° 각도로 처음에는 왼손을, 반쯤 지나 오른손을 든다.(25점)

넷째, 횡단보도를 건너는 동안 차를 계속 보면서 건넌다.(25점)

이상 4가지 채점 기준으로 횡단보도를 1회 왕복하도록 하십시오.

○ 부모님과 동생, 친구에게 알려줄 내용을 한 번 더 강조해 주십시오.

① 횡단보도에서 오른쪽으로 가는 것이 안전한 이유?
② 손을 드는 이유와 손드는 올바른 방법

③ 운전자와 눈맞추기(eye contact)
④ 부모님과 "무단횡단을 안하겠습니다" 하고 약속
⑤ 안전벨트는 꼭 매고 운전하는 부모님이 먼저 양보하도록 약속하기

○ (교육을 마치며) 다음 사항을 손가락 걸고 따라 하도록 하십시오.
① 나는 무단횡단을 하지 않겠습니다.
② 나는 횡단보도의 오른쪽으로 건너겠습니다.
③ 나는 손을 들고 건너겠습니다.
④ 나는 운전자와 눈 맞추기를 하겠습니다.
⑤ 나는 차의 앞·뒤로 가지 않겠습니다.
⑥ 나는 안전벨트를 꼭 매겠습니다.
⑦ 나는 오늘 배운 것을 꼭 지키겠습니다.
⑧ 나는 오늘 배운 것을 엄마·아빠에게 꼭 알려주겠습니다.
이상으로 교통안전 수업을 마치겠습니다.

● 학교 운동장의 체험 교육 상세 내용입니다.

○ 교통안전 교육의 주목적은 교통사고 예방입니다. 따라서 교통안전 교육 내용은 실제 어린이들에게 빈번히 발생하는 교통사고 사례를 직접 체험해 보며 사고 원인과 예방법을 스스로 깨닫도록 유도해야 합니다.
○ 다음과 같이 학교 운동장에 도로 모형을 그린 후 실제 사고 사례 유형과 예방법을 담은 사고 사례 판넬을 세워놓고 실습을 통해 사고 예방법을 스스로 익혀보세요.

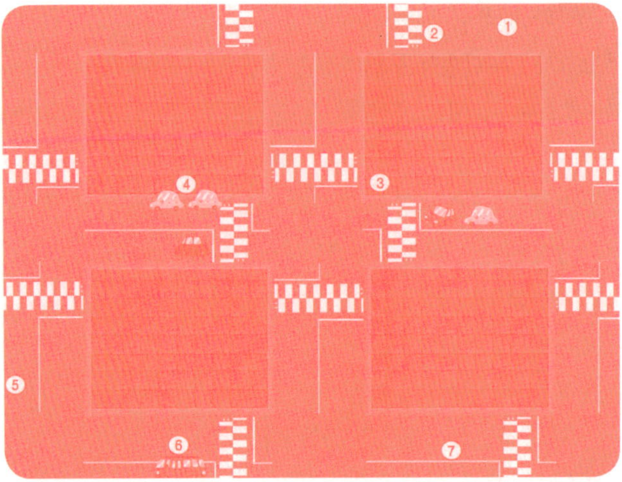

① 무단횡단 사고 사례	② 신호등 없는 횡단보도 사고 사례
③ 신호등 있는 횡단보도 사고 사례	④ 주·정차된 차량사이 사고
⑤ 갑자기 뛰어들기 사고	⑥ 버스에 내려 앞, 뒤 횡단사고
⑦ 차 뒤에서 놀다 나는 사고	⑧ 차량회전 사고(내륜차)
⑨ 안전띠 미장착 사고	⑩ 자전거 등 바퀴 달린 놀이 기구 사고

※ 실습 방법 : 백색회를 활용하여 다음과 같이 도로모형을 그립니다.

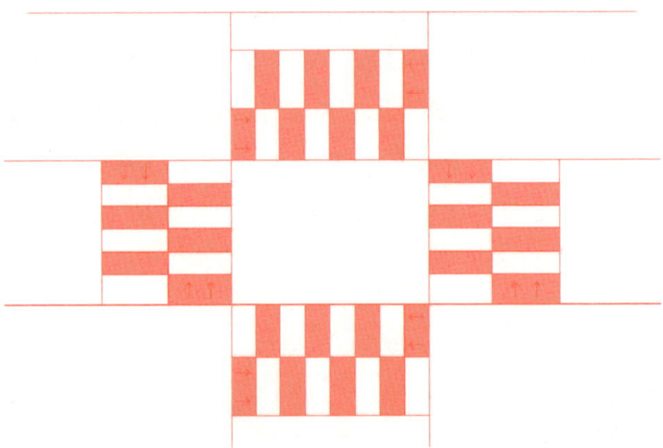

○ 한반은 4개조로 나눈 후 각 조를 사고 유형별로 나누어 실습을 합니다. 만일 인원이 많으면 교육인원을 10개조로 나눈 후 교육을 실시합니다.

○ 각 사고 유형별로 사고 현황 설명 – 사고 사례 연출 – 사고 원인 설명 – 사고 예방법 설명 순으로 지도합니다.

반드시 끝날 때 사고 예방법을 꼭 따라하도록 한 후 다음조로 이동합니다.

○ 각각 사고 유형별 실습코스로 이동 시 횡단보도를 건널 때마다 안전한 도로횡단 방법을 반복해서 실습합니다.

○ 본 교육을 효과적으로 실시하기 위하여 각 사고 유형별 1명씩 강사가 있으면 보다 효과적으로 교육할 수 있습니다. 학교에서는 어머니 안전 지도자 또는 녹색어머니회의 도움을 받아 10가지 사고 사례 중심의 실습교육을 실시할 수 있습니다.

- 어린이 교통 공원의 5단계 교육 내용입니다.

○ 1단계 : 어린이들이 교통사고로부터 스스로 자신을 지키기 위하여 꼭 알아야 할 교통안전 지식에 대한 이론교육 실시

○ 2단계 : VTR 및 시청각 교재 등을 통하여 실제로 발생한 사고유형들과 예방대책을 교육

○ 3단계 : 실제로 도로상에서 모터카 및 자전거를 타면서 이론교육과 시청각 교육을 통해서 알아본 어린이 교통사고 10대 빈발 사고 유형을 10인 1조가 되어 직접 사고를 내보며 그 원인과 예방법을 스스로 깨닫도록 유도

※ 빈번하게 발생하는 10가지 사고사례에 대한 체험 교육실시

① 뛰어서 무단횡단하다 나는 사고

② 신호등 있는 횡단보도 사고

③ 신호등 없는 횡단보도 사고

④ 차 뒤에서 놀다 나는 사고

⑤ 주·정차된 차량사이에서 뛰어나오다 나는 사고

⑥ 갑자기 차도로 뛰어들다 발생한 사고

⑦ 큰 차가 회전하다 발생하는 사고

⑧ 버스에서 내려 버스 앞 또는 뒤로 뛰어 건너다 나는 사고

⑨ 자전거를 타고 가다 나는 사고

⑩ 안전띠, 어린이 보호장구를 착용치 않아 발생하는 사고

○ 4단계 : 모터카 및 자전거를 타고 실제 사고를 내본 결과 그 사고 원인과 예방 대책을 스스로 작성해 제출

○ 5단계 : 어린이 교통안전 퀴즈왕 선발대회 개최
교통공원의 전 교육과정을 이수한 어린이들을 대상으로 교통안전 퀴즈왕 선발대회를 개최하여 우수한 어린이를 어린이 교통안전 지도자로 양성하여 교통안전 선생님 역할 부여

부록. 어린이 안전 퀴즈문제 100선

1. 어린이 교통사고 중 가장 많이 발생하는 사고 유형은 무엇입니까?

① 횡단보도 사고 ② 무단횡단 사고

③ 버스 앞, 뒤 횡단사고 ④ 갑자기 뛰어들기 사고

2. 횡단보도는 어느 쪽으로 걷는 것이 가장 안전할까요?

① 왼쪽 ② 중앙 ③ 오른쪽 ④ 대각선

3. 길을 건널 때 항상 손을 들고 「차량 멈춤」을 확인하고 건너야 합니다. 다음 중 도로를 건널 때 어린이가 꼭 지켜야 되는 가장 중요한 원칙은 무엇입니까?

① 횡단보도 오른쪽에서 걷기 ② 뛰지 않고 천천히 건너기

③ 운전자와 눈 맞추기 ④ 항상 우선 멈추기

4. 길을 건널 때는 손을 들고 건너야 합니다. 손을 드는 이유는 운전자에게 "제가 먼저 갈테니 멈춰 주십시오"라고 이야기 하는 것입니다. 그러면 횡단보도 상에서 손은 어느쪽 손을 어떻게 들어야 합니까?

① 왼손을 하늘 높이 번쩍 든다.

② 왼손을 운전자를 보며 45° 각도로 들고 계속 건너간다.

③ 오른손을 하늘 높이 번쩍 든다.

④ 처음에는 왼손을 반쯤 지나서 오른손을 운전자를 보며 45° 각도로 들어 준다.

5. 어린이 교통사고 중 보행 중 사고가 대부분을 차지합니다. 도로를 안전하게 건너기 위해서는 항상 「안전한 횡단 5원칙」을 지켜야 합니다. 다음 안전한 횡단 5원칙에 대한 내용이 아닌 것은?

① 우선 멈춘다.

② 횡단보도의 오른쪽에서 운전자를 보며 손을 든다.

③ 차량 멈춤을 확인 한 후 건너간다.

④ 차가 없을 때 빨리 뛰어 건넌다.

6. 뛰는 경우가 천천히 걷는 것보다 사고위험이 7배나 높습니다. 그러면 멈춰 있는 차 사이에서 뛰어 건널 경우 사고위험은 몇 배나 높을까요?

① 10배 ② 14배 ③ 18배 ④ 22배

7. 신호등 없는 횡단보도를 가장 안전하게 건너는 방법은?

① 무조건 빨리 뛰어 간다

② 손을 든 다음 빨리 뛰어 간다

③ 운전자에게 손을 든 다음 차량 멈춤을 확인하고 천천히 건너간다.

④ 차가 안 올 때까지 기다린 다음 급하게 뛰어 건넌다.

8. 지난 2020년 209,654건의 교통사고가 발생하여 총 ( )명이 사망했으며 이중 어린이는 ( )명이 사망했다. 괄호 안에 들어갈 알맞은 숫자는?

① 3,081 , 24 ② 3,281 , 34 ③ 3,381, 44 ④ 3,481, 54

9. 체격에 맞는 자전거는 어떤 크기의 자전거인가요?

① 자전거와 어린이 키가 같을 때

② 자전거 안장과 어린이의 눈높이가 일치할 때

③ 어린이가 안장에 앉아서 발이 땅에 닿을 때

④ 자전거를 눕혀 놓고 어린이 키와 같을 때

10. 지난 2020년 교통사고 사상자가 경찰청 통계는 30만여명인데 보험통계는 190만여명입니다. 이렇게 6배나 차이가 나는 근본 원인은 어떤 법 때문인가요?

① 도로교통법　　② 교통사고처리특례법
③ 자동차 손해배상 보장법　　④ 교통안전법

11. 안전사고 5만 건을 분석한 미국의 안전 전문가 하인리히가 사고의 피라밋 모형으로 사고 날 뻔한 상황 ( )건이면 실제 경상해가 ( )건이 발생하고, 중상 또는 사망이 ( )건이 발생한다는 연구 결과를 발표했다. ( )안에 들어갈 알맞은 숫자는?

① 200, 10, 1　② 300, 15, 1　③ 300, 29, 1　④ 300, 39, 1

12. 공놀이를 하다 공이 찻길로 굴러갔습니다. 어떻게 하면 될까요?

① 위험한 찻길로 갔으므로 공을 줍지 않고 그냥 간다.
② 찻길에서 일단 멈춘 다음 차가 오지 않을 때 천천히 공을 주으러 간다.
③ 빨리 뛰어가서 공을 주워온다.
④ 찻길에서 멈춘 다음 빨리 뛰어 공을 주워온다

13. 어린이 교통사고가 가장 적은 나라는?

① 스웨덴　② 영국　③ 네덜란드　④ 일본

14. 일본의 어린이 교통사고예방을 위하여 가장 크게 기여한 단체는?

① 운전 전문학원 연합회　② 운전자 봉사단체
③ 교통안전 어머니회　④ 노인단체

15. 어린이 교통사고를 효과적으로 줄이기 위하여 펼치고 있는 3E정책이 아닌 것은?

① Education(교육) ② Engineering(시설)

③ Enforcement(단속) ④ Evaluation(평가)

16. 어린이 보호구역은 일반적으로 학교의 정문 출입구로부터 몇m를 지정합니까?

① 100m ② 200m ③ 300m ④ 500m

17. 어린이 보호구역 내 준수사항이 아닌 것은?

① 시속 20~30km 이하로 서행하기

② 불법 주 · 정차 안하기.

③ 클랙션 울리지 않기

④ 보 · 차도 경계턱을 설치하여 보도와 차도를 구분하기

18. 다음 중 스쿨존에 해당되는 지역이 아닌것은?

① 초등학교 ② 유치원 ③ 100인이상 어린이집 ④ 노인정, 노인대학

19. 일본의 가정에서 어린이 교통사고예방에 크게 기여한 예방기법은?

① 교통안전 지도 그려 교육하기 ② 스쿨존 제도

③ 교통안전 가족회의 개최하기 ④ 강력한 위반차량 단속

20. 국가간 교통사고 비교하는데 자동차 1만대당 사망자수를 주로 비교합니다.(2019년 기준) 이웃일본은 0.4명이며 OECD 국가의 평균은 0.9명입니다. 한국은 몇 명일까요?

① 1명 ② 1.2명 ③ 1.4명 ④ 1.6명

21. 자동차 특성상 갑자기 브레이크를 밟아도 일정거리를 주행한 후 멈추게 됩니다. 이 때 운전자가 물체를 발견하고 브레이크를 밟을 때까지의 시간에 주행한 거리를 무엇이라고 합니까?

① 제동거리 ② 공주거리
③ 정지거리 ④ 주행거리

22. 자동차의 차도와 보도의 경계선을 무엇이라고 합니까?

① 연석선 ② 정지선 ③ 경계선 ④ 구역선

23. 과속방지턱의 정확한 설치규격은?

① 높이 8~10cm, 너비 2m ② 높이 8~10cm, 너비 3.7m
③ 높이 10~12cm, 너비 3.7m ④ 높이 10~12cm, 너비 2m

24. 스웨덴의 3대 교육방침이 아닌 것은?

① 3세부터 안전교육
② 어린이 교통공원서 교육하기
③ 실제 사고사례 중심의 실습교육
④ 사회적 공동체의식을 중시하는 교육

25. 안전띠를 착용하지 않은 사람은 안전띠를 착용한 사람보다 사망률이 ( )배나 높다. 괄호안에 들어갈 알맞은 숫자는?

① 3배 ② 5배 ③ 7배 ④ 9배

26. 교통사고예방을 위하여 비올 때 주의사항이 아닌 것은?

① 우산이 앞이 보이는 투명우산이 좋다

② 우산은 눈높이와 똑같이 들어 준다.

③ 횡단보도에서 1~2보정도 뒤로 떨어져 있는다.

④ 비, 바람에 모자가 차도로 날려도 급하게 뛰어들지 않는다.

27. 캐나다 운전자들이 법규 위반 시 가장 무거운 처벌을 하여 이 차를 발견 시 노이로제 수준까지 이르게 할 정도로 무서워하는 차는?

① 경찰차 ② 소방차 ③ 어린이 통학차량 ④ 앰블런스

28. 녹색불이 깜박일 때의 안전한 행동방법이 아닌 것은?

① 횡단보도에 왔을 때 녹색불이 깜빡거리면 다음 신호에 건너간다.

② 건너는 도중 깜빡거리면 차를 보면서 빨리 건넌다.

③ 신호가 곧 바뀌므로 급하게 뛰어 건넌다.

④ 주위를 살피면서 차를 보면서 천천히 걷는다.

29. 어린이 교통사고 예방을 위하여 왕실에서 적극 앞장서서 사고를 줄인 나라는?

① 스웨덴 ② 영국 ③ 프랑스 ④ 캐나다

30. 안전한 도로횡단 실습교육의 4대 채점기준이 아닌 것은?

① 횡단보도의 오른쪽에 선다.

② 손은 왼쪽 손을 운전자를 보며 번쩍 든다.

③ 차량 멈춤을 확인한다.

④ 차를 계속 보면서 건넌다.

31. 어머니가 조수석에 자녀를 안고 탈 경우 사고시 어머니가 받는 충격의 최고 ( )%까지 줄여줄 정도로 자녀를 안고 타는 행위는 매우 위험하다.

① 50% ② 60% ③ 70% ④ 80%

32. 내 자녀의 교통사고예방을 위하여 가장 중요한 항목은?

① 가정에서의 꾸준한 교통안전교육

② 법규 위반차량에 대한 강력한 단속

③ 정부의 과감한 재정투자

④ 운전자의 안전교육 강화

33. 어린이가 가방을 들고 학교에 가기 위하여 횡단보도를 건너려고 합니다. 다음 중 가장 안전하게 건너는 방법은?

① 가방은 왼손에 들고 오른손을 번쩍 들고 건너간다.

② 가방은 오른손에 들고 왼손은 운전자를 보며 들고, 반쯤 지나 다시 오른손을 운전자를 보며 손을 든다.

③ 가방은 오른손에 들고 처음에는 왼손을, 반쯤 지나 고개만 돌려 우측 차량이 멈추었는지 확인하고 건넌다.

④ 횡단보도 중앙에서 왼손을 번쩍 들고 건너간다.

34. 차를 보면서 보행하는 것과 차를 등지고 보행하는 것의 위험도는?

① 차를 등지고 보행하는 것이 사고위험이 4배 높다.

② 차를 등지고 보행하는 것이 사고위험이 2배 높다.

③ 차를 보면서 보행하는 것이 사고위험이 4배 높다.

④ 차를 보면서 보행하는 것이 사고위험이 2배 높다.

35. 자전거 운전면허를 취득 할 때 출발 시 점검사항이 아닌 것은?

① 헬멧의 올바른 착용 ② 체격에 맞는 자전거

③ 야광 스티커 부착 ④ 안전한 복장

36. 어린이 교통사고는 교통노출도, 즉 밖에 나와있는 정도와 비례합니다. 어린이 교통사고가 가장 많이 발생하는 시간대는?

① 오전 8시~10시 ② 오전 10시~12시

③ 낮 12시~오후2시 ④ 오후 2시~4시

37. 어린이의 행동특성이 아닌 것은?

① 조급하다. ② 모방성이 뛰어나다. ③ 단순하다. ④ 집중력이 강하다.

38. 「어린이 보호장구」를 자동차의 어느 좌석에 장착하는 것이 가장 안전할까요?

① 조수석 ② 조수석 뒷자리 ③ 운전석 뒷자리 ④ 뒷자리의 가운데

39. 다음 선진국 중 어린이 교통공원에서 교통안전 실습교육이 활발하게 실시되고 있는 나라는?

① 일본　② 독일　③ 영국　④ 프랑스

40. 다음 중 어릴 때부터 안전 교육을 법적으로 의무화하여 초등학교 5학년 때 교통안전 시험을 보는 나라는?

① 한국　② 프랑스　③ 영국　④ 일본

41. 고속도로 상에서의 안전벨트 착용에 대한 설명 중 가장 올바른 것은?

① 운전자만 매면 된다.

② 운전자와 조수석에 탄 사람만 매면 된다.

③ 승차중인 모든 사람들이 다 매야한다.

④ 어른들만 매면 된다.

42. 일반적으로 시속 60km로 달리던 차가 보행자와 부딪힐 경우 보행자는 (　　)m 높이에서 땅으로 떨어지는 충격을 받는다.

① 5m　② 10m　③ 15m　④ 20m

43. 차가 회전할 경우 앞바퀴보다는 뒷바퀴가 사람 안쪽으로 통과하는데 이때 앞바퀴와 뒷바퀴의 차이를 무엇이라고 합니까?

① 내륜차　② 외륜차　③ 사각지대　④ 시거

44. 어린이 교통안전 교육이 법적 의무화되어 있고 자전거 교통안전 실습 교육장에서 소정의 교육을 이수한 어린이들에게 「자전거 운전 면허증」을 교부하는 나라는?

① 영국　② 스웨덴　③ 프랑스　④ 독일

45. 1987년 소아과 의사들이 국립어린이 병원을 중심으로 Safe Kids Campaign을 결성하여 어린이 안전 사고예방에 크게 기여하고 있는 나라는?

① 영국 ② 미국 ③ 이탈리아 ④ 프랑스

46. 운전자가 브레이크를 밟아도 금방 멈추지 않고 일정거리를 주행하는데 이때 주행한 거리를 무엇이라고 하는가?

① 제동거리 ② 공주거리 ③ 정지거리 ④ 주행거리

47. 교통정책의 두 축은 보행자의 안전과 차량의 원활한 흐름입니다. 보행자의 편의를 위해 교차로의 4방향이 전부 다 녹색불이 들어와 보행자가 대각선으로 횡단 할 수 있도록 하는 신호를 무엇이라고 합니까?

① 스크램블 ② 제브라 ③ 펠리칸 ④ 마운트 업

48. 선진국에서 어린 자녀가 교통사고 날까 불안하면 자녀에게 3가지 습관을 기르도록 교육하고 있다. 다음 중 3가지 습관에 들지 않는 것은?

① 우선 멈추는 습관

② 운전자와 눈 맞추는 습관

③ 차를 계속 보면서 건너는 습관

④ 무단횡단하지 않는 습관

49. 좁은 골목길에서 차가 오고 있을 때 어떻게 행동해야 옳은가요?

① 차를 피하기 위하여 빨리 뛰어 간다. ② 뒤로 돌아간다.

③ 우선 멈춘 후 벽 쪽으로 붙는다. ④ 차를 보며 천천히 걸어간다.

50. 자전거를 안전하게 타기 위한 습관 중 틀린 것은?

① 눈에 잘 띄는 밝은 색 옷을 입으며 밤에는 타지 않는다.

② 헬멧과 무릎보호대를 착용한다.

③ 횡단보도에서는 내려서 걷는다.

④ 차가 다니는 큰길에서 주의하며 자전거를 탄다.

51. 일반적으로 14세 이하 특히 5~9세의 어린이 교통사고 사망자의 성별비교에 대해 올바른 설명은?

① 여아가 남아보다 사망위험이 1.2배 많다.

② 여아가 남아보다 사밍위험이 1.8배 많다.

③ 남아가 여아보다 사망위험이 1.2배 많다.

④ 남아가 여아보다 사망위험이 1.8배 많다.

52. 안전사고는 인적 요인, 물적 요인, 환경적 요인에 의해 발생하는데 사고의 ( )%가 인적요인에 기인한다. 따라서 안전교육을 통해 사고 발생의 인적요인인 불안정한 행동만 수정해 준다면 ( )%의 사고는 예방할 수 있다. ( )안에 들어갈 공통적인 수치는?

① 70% ② 78% ③ 80% ④ 88%

53. 안전사고 예방 캠페인 성공의 3대 요건에 들지 않는 것은?

① 모범성을 보일 것

② 구체적, 실천 가능한 처방을 제시할 것

③ 파급성을 띨 것

④ 연속성(법적 제도화)을 띌 것

54. 가스 사용 시 주의사항 중 올바르지 않은 것은?

① 가스 불을 켜기 전에 가스가 새는지 냄새를 확인한다.

② 가스를 다 쓴 후 중간밸브도 잠근다.

③ 호스와 이음새 부분에 가스가 새는지 소금물로 수시 점검한다.

④ 평소 연소기 불구멍이 막히지 않도록 청소를 한다.

55. 가스 누출 시 응급대처 방법 중 틀린 것은?

① 전기기구는 신속하게 끈다.

② 당황하지 말고 콕크와 용기 밸브를 잠근다.

③ 창문, 출입문을 열고 환기를 시킨다.

④ 빗자루, 부채, 방석 등을 사용해 밖으로 쓸어낸다.

56. 가스안전 수칙 4가지에 대한 설명 중 틀린 것은?

① 사용 전 냄새 확인과 창문열기

② 사용 중 불구멍과 점화확인

③ 사용 후 점화 콕크와 중간밸브 잠그기

④ 평상시 LP가스 용기를 바람이 잘 통하고 직사광선을 받는 곳에 설치

57. 가정에서의 전기사고 예방법 중 틀린 사항은?

① 반드시 누전 차단기를 부착한다.

② 전기기구를 문어발식으로 사용하지 않는다.

③ 젖은 손으로 전기기구를 만지지 않는다.

④ 전선코드를 뽑을 때에는 플러그 몸체대신 플러그 연결선을 잡고 뺀다.

58. 백두산의 현재 화산 상태는?

① 사화산 ② 휴화산 ③ 활화산 ④ 일시 정지화산

59. 백두산 화산폭발의 전조현상으로 천지 온천수에서 ( )와 ( )의 함량이 이상적으로 증가하고 있다. 괄호안 알맞은 말은?

① 수소, 질소 ② 이산화탄소, 수소

③ 수소, 헬륨 ④ 이산화탄소, 헬륨

60. 전세계적으로 땅속에 12개의 암석판이 있는데 우리 대한민국은 어느 판에 있을까요?

① 태평양판 ② 유라시아판 ③ 필리핀판 ④ 북미판

61. 소화기 사용방법 중 틀린 것은?

① 안전핀을 뽑는다.

② 바람을 정면으로 보면서 불이 난 곳으로 호스를 겨냥한다.

③ 손잡이를 힘껏 움켜진다.

④ 빗자루로 쓸 듯이 소화한다.

62. 등하교시 방향이 같은 어린이들을 자원봉사요원이 데리고 다니며 현장에서 안전교육까지 실시하는 워킹스쿨버스(보행안전지도) 제도를 제일 먼저 실시한 나라는?

① 미국 ② 호주 ③ 뉴질랜드 ④ 캐나다

63. 자전거 페달을 밟을 경우 발의 어느 부분으로 밟아 주는 것이 가장 안전할까요?

① 발의 가장 끝부분　　② 발의 중간부분

③ 발의 앞부분　　④ 어느 부분이든지 상관없다.

64. 화재 시 대피방법 중 틀린 것은?

① 고층건물에서 불이 나면 빠르게 엘리베이터를 타고 내려온다.

② 수건이나 헝겊에 물을 적신 후 코에 대고 자세를 낮춘 후 대피한다.

③ 불이 몸에 붙은 경우 멈춘 후, 엎드리며 몸을 구른다.

④ 불이 난 경우 무섭다고 옷장에 숨거나 고층 창문 밖에서 뛰어내리지 않는다.

65. 식용유에 의한 화재발생 시 대처방법 중 틀린 것은?

① 담요 또는 이불로 빠르게 덮는다.

② 불이 작을 때는 야채를 많이 넣어서도 끌 수 있다.

③ 소화기 또는 모래로 불을 끈다.

④ 양동이로 물을 가져와 빠르게 붓는다.

66. 화재사고 예방을 위한 가정의 안전점검 내용 중 틀린 것은?

① 눈이 잘 뜨이는 곳에 소화기가 있는지 확인한다.

② 토스터기, 다리미 등 전기기구가 안전하게 사용되는지 확인한다.

③ 다 쓴 부탄가스통은 다른 쓰레기와 함께 버린다.

④ 인화성 물질이 안전하게 격리되어 있는지 확인한다.

67. 화재 발생 시 행동 요령 중 틀린 것은?

① 발견 즉시 큰소리로 알리고 단독으로 불끄는 작업을 하지 말 것

② 비상벨을 눌러 주위에 알릴 것

③ 가스밸브를 잠근 후 조그만 불은 소화기로 진화 할 것

④ 소중한 물건을 찾아 불길 반대편으로 빠르게 대피할 것

68. 화상을 당한 경우 올바른 응급조치 방법 중 틀린 것은?

① 화상 부위를 찬물에 담근 후, 얼음이 있으면 얼음을 넣는다.

② 큰 화상인 경우 빨리 옷을 벗긴 후 병원으로 데려간다.

③ 화상 부위를 깨끗한 천으로 가볍게 덮는다.

④ 된장이나, 연고 등 기타 전래 요법을 사용하지 않는다.

69. 화재 발생 시 119에 신고하는 내용 중 신고하지 않아도 되는 것은?

① 불이 난 장소 ② 주변 눈에 띄는 건물

③ 신고자 전화번호와 이름 ④ 화재사고 피해정도

70. 화재 시 가장 올바른 대피요령은?

① 배를 땅에 닿게 한 후 기어서 나온다.

② 손과 팔꿈치를 바닥에 대고 무릎으로 기어서 나온다.

③ 불이 난 방향으로 급하게 뛰어간다.

④ 급하게 창문 밖으로 뛰어내린다.

71. 수영장 내 물놀이 안전수칙 중 틀린 것은?

① 수영장내 물기가 있으므로 뛰지 않는다.

② 물에 들어가기 전에 꼭 준비운동을 한다.

③ 심장과 떨어진 부분부터 물을 서서히 몸에 묻힌다.

④ 2시간 수영한 후 반드시 10분씩 휴식을 취한다.

72. 응급 상황시 인공호흡과 심장압박을 해 주어야 합니다. 심장압박법에 대한 설명 중 틀린 것은?

① 정확한 심장부위를 찾아 왼손 손꿈치 윗부분을 올린 후 왼손위에 오른손을 포개어 깍지 낀 다음 힘있게 눌러준다.

② 심장의 정확한 위치는 갈비뼈가 만나는 가운데 지점의 오른쪽에 있다.

③ 심장을 압박하는 팔은 직각이 되도록 하며 팔꿈치가 구부러지지 않도록 한다.

④ 영 유아의 경우는 손대신 두 번째, 세 번째 손가락으로 심장압박법을 실시한다.

73. 소화기에 대한 설명 중 틀린 것은?

① 불을 많이 사용하는 부엌에 눈에 잘 띄도록 둔다.

② 습기가 있는 곳에 두지 않는다.

③ 직사광선을 피한다.

④ 최소한 3년에 한번씩 교체해 주어야 한다.

74. 해수욕장에 들어갈 때 주의할 사항이 아닌 것은?

① 반드시 준비운동을 하고 물에 들어간다.

② 식후 1시간이 지난 다음에 물에 들어간다.

③ 사람들과 떨어져서 혼자 수영하지 않는다.

④ 물의 깊이는 목까지 올 때가 가장 적당하다.

75. 얼음판이 깨지면서 어린이가 물에 빠졌습니다. 다음 중 안전한 행동이 아닌 것은?

① 빨리 물에 뛰어 들어 어린이를 구한다.

② 나뭇가지나 옷가지를 던진 후 잡고 올라오도록 한다.

③ 물에 빠진 아이는 당황하지 말고 얼음판을 잡고 발길질로 강하게 차며 올라온다.

④ 119에 빨리 신고한다.

76. 건축법상 어린이들의 추락을 방지하기 위하여 아파트 베란다의 난간의 높이는 최소한 (　　　) 이상이어야 합니다.

① 90cm　② 100cm　③ 110cm　④ 120cm

77. 아파트 베란다의 간살 간격은 어린이의 머리가 끼이지 않도록 하기 위하여 (　　　) 이하이어야 합니다.

① 10cm　② 11cm　③ 12cm　④ 13cm

78. 다음 중 어린이 화재사망 사고가 가장 많이 발생하는 곳은?

① 가정　② 학교　③ 놀이터　④ 수련원

79. 주거지 어린이 화재사고의 가장 큰 원인은?

① 방화　② 담뱃불　③ 가스　④ 전기

80. 유괴범이 어린이를 유괴할 때 가장 많이 사용하는 4가지 방법에 속하지 않는 것은?

① 칭찬한다.　② 엄마, 아빠를 사칭한다.

③ 음식으로 유혹한다. ④ 우리 집에 가서 DVD보자고 말한다.

81. 학교에서 안면 골절 및 두부 손상등의 사고 위험이 가장 높은 장소는?

① 교실 ② 화장실 ③ 복도 ④ 계단

82. 소비자 보호원이 분석한 3,084건의 어린이 안전사고 중 가장 많이 발생하는 사고유형은?

① 충돌, 충격사고 ② 추락, 미끄러짐 ③ 베임 ④ 전기, 고온화상

83. UN의 아동 권리에 관한 국제협약에 따르면 본 조약에서 아동이라 함은 ( )미만의 자를 말한다.

① 13세 ② 14세 ③ 16세 ④ 18세

84. 호흡이 3분 이상 정지하면 생명이 위험하므로 심장 압박법과 인공호흡을 실시해야 합니다. 성인의 경우, 심장을 찾아 심장압박을 ( )회를 누른 후, 공기를 입으로 넣어주기 위하여 입과 입을 댄 후 4~5초씩 ( )회를 불어 주는 것을 계속 반복해서 실시합니다.

① 10회, 1회 ② 30회, 2회 ③ 10회, 3회 ④ 15회, 3회

85. 인공호흡을 하는 방법 중 틀린 것은?

① 머리를 뒤로 젖힌다.

② 산소가 들어가도록 코를 막지 않고 입으로 공기를 불어넣는다.

③ 가슴을 살펴보고 호흡상태를 확인한다.

④ 입을 열기 어려울 때는 공기를 코로 불어넣는다.

86. 질식사고 예방법 중 틀린 것은?

① 아기를 푹신한 이부자리에서 엎드려 재운다.

② 잠자리에서 엄마가 아이에게 젖을 주지 않는다.

③ 성인용 침대에서 어른과 함께 재우지 않는다.

④ 벽과 침대사이 등 위험한 공간을 두지 않는다.

87. 학교에서 교실 또는 복도에서의 안전수칙에 대한 내용 중 틀린 것은?

① 끈이나 줄로 목을 잡아당기는 장난을 하지 않는다.

② 창문 밖으로 물건을 던지는 장난을 하지 않는다.

③ 복도와 계단에서는 반드시 좌측통행을 한다.

④ 계단은 한 칸씩 내려가며 손을 주머니에 넣으면 안 된다.

88. 운동장에서의 안전수칙 중 틀린 것은?

① 축구골대를 친구들과 함께 옮긴다.

② 운동장에 있는 놀이기구의 사용법을 충분히 익힌다.

③ 친구들에게 운동장의 모래, 흙을 뿌리지 않는다.

④ 운동장에 유리조각, 쇳조각이 있을 수 있으므로 맨발로 놀지 않는다.

89. 다음의 어린이 응급처치 방법 중 틀린 것은?

① 눈에 이물질이 들어간 경우 20분 이상 물을 부드럽게 흘려준다.

② 뱀 등 동물에 물렸을 경우 물린 부위를 심장보다 높게 해 주어야 한다.

③ 정신을 잃고 쓰러지면 반듯이 눕인 후 머리를 옆으로 돌려주며 물, 음료 등 음식물을 먹이지 않는다.

④ 다쳐서 피가 날 경우 흐르는 물로 씻어내고 출혈이 멈출 때까지

깨끗한 천으로 감싸며 출혈이 있는 부위를 심장보다 높게 해 준다.

90. 자전거를 타기 30초전 점검 할 주요사항이 아닌 것은?

① 타이어의 바람상태 ② 브레이크 작동여부

③ 체인상태 ④ 교통 수신호 방법 익히기

91. 어린이 교통사고 중 가장 많이 발생하는 학년은?

① 1학년 ② 2학년 ③ 3학년 ④ 4학년

92. 신호등의 설명 중 틀린 것은?

① 보행자용 신호등은 4각형이다.

② 차량 신호등은 동그라미이다.

③ 보행자가 건널 수 있는 불은 파란 불이다.

④ 노랑 불은 「다음신호에 건너가시오」를 말한다.

93. 운전자들에게 스쿨존임을 알려주기 위하여 스쿨존 진입도로에 「용의 이빨」 표시를 해준 나라는?

① 뉴질랜드 ② 호주 ③ 캐나다 ④ 미국 뉴욕주

94. 바람 불 때 또는 날씨가 추울 때 안전한 보행법 중 틀린 것은?

① 심한 바람에 모자가 차도로 날아가도 우선 멈춘 후 차가 오는지 확인한다.

② 날씨가 추울 때 양손은 주머니에 넣고 앞을 보면서 걷는다.

③ 성적표나 시험지 등이 바람에 날리지 않도록 꼭 가방에 넣어야 한다.

④ 날이 추워도 움츠러들지 말고 어깨를 펴고 앞을 보면서 걸어야 한다.

95. 눈 올 때 안전하게 걷는 방법 중 틀린 것은?

① 미끄러져 넘어질 수 있으므로 차와 멀리 떨어져서 걷는다.

② 눈이 오면 날씨가 어두워질 수 있으므로 하얀 옷을 입고 다닌다.

③ 신발은 미끄러운 구두보다 홈이 파져있는 운동화가 좋다.

④ 털모자, 털목도리를 하여 몸을 따뜻하게 해 준다.

96. 청소년을 대상으로 청소년 교통사고 줄이기 아이디어 공모전을 실시하여 좋은 아이디어를 제공한 단체에 포상한 후 정부와 청소년 단체와 함께 사고 줄이기 활동을 전개하여 청소년 사고를 시행 첫 해 24%나 줄인 나라는?

① 프랑스 ② 독일 ③ 스웨덴 ④ 영국

97. 다음 중 어린이 교통사고를 직접 부추기는 어른들의 행동이 아닌 것은?

① 어른 혼자 또는 자녀를 데리고 하는 무단횡단

② 횡단보도를 지나서 불법 주 · 정차하는 행위

③ 자녀에게 "빨리 해라" 라고 부추기는 조급성

④ 자녀를 조수석에 안고 타는 행위

98. 운전자 입장에서 어린이 교통사고 예방을 위하여 조속히 실천되어야 할 가장 중요한 내용은?

① 운전자의 양보, 방어 운전하는 마음자세

② 법규위반 운전자에 대한 강력한 법적 제재

③ 운전자의 교통안전 교육강화

④ 스쿨존에서 각종 교통안전시설 설치강화

99. 지난 2018년 통계청 자료에 따르면 14세 이하 어린이들이 각종 안전사고로 목숨을 잃은 사망자수는?

① 160여명 ② 200여명 ③ 240여명 ④ 280여명

100. 다음은 어린이들이 각종 안전사고로 목숨을 잃는 사고유형이다. 일반적으로 어린이 안전사고 사망자가 많은 순으로 바르게 나열된 것은? *(2018년 기준)*

1. 교통사고 2. 수상사고 3. 화재사고 4. 낙상(추락)사고 5. 질식 · 중독사고

① 1 · 2 · 3 · 4 · 5 ② 1 · 4 · 2 · 5 · 3
③ 1 · 2 · 3 · 5 · 4 ④ 1 · 3 · 2 · 4 · 5

문항	정답	문항	정답	문항	정답	문항	정답	문항	정답
1	②	2	③	3	③	4	④	5	④
6	③	7	③	8	①	9	③	10	②
11	③	12	②	13	①	14	③	15	④
16	③	17	③	18	④	19	③	20	②
21	②	22	①	23	②	24	②	25	④
26	②	27	③	28	③	29	②	30	②
31	③	32	①	33	③	34	①	35	③
36	④	37	④	38	③	39	①	40	②
41	③	42	③	43	①	44	④	45	②
46	①	47	①	48	④	49	③	50	④
51	④	52	④	53	①	54	③	55	①
56	④	57	④	58	③	59	③	60	②
61	②	62	②	63	③	64	①	65	④
66	③	67	④	68	②	69	④	70	②
71	④	72	②	73	④	74	④	75	①
76	④	77	①	78	①	79	④	80	④
81	④	82	②	83	④	84	②	85	②
86	①	87	③	88	①	89	②	90	④
91	①	92	③	93	②	94	②	95	②
96	①	97	②	98	①	99.	①	100	②

안전교육이 최고의 보약입니다

초판인쇄 2021. 12. 20
초판발행 2021. 12. 31
지 은 이 허 억
펴 낸 이 배 병 호

펴 낸 곳 도서출판 신원
등록번호 제 22-999호
주 소 서울시 중구 동호로8길 13 유현빌딩 4F
전화번호 02-2231-2882 F. 02-2231-2883
E-mail sinwon21@korea.com

I S B N 978-89-87884-98-1
정 가 20,000원